国家中等职业教育改革发展示范学校建设成果

心理健康教育

主　编　郭兴民
副主编　田俊收
主　审　王玉涛

北　京
冶　金　工　业　出　版　社
2015

内 容 提 要

本书根据中职学生的生理、心理发展特点，运用心理学理论，对学生心理健康教育理论和实践进行讲解，内容包括：自我认识、情绪管理与表达、人际沟通、应对困难与挫折、心理咨询基础等。书中各章均设置“心灵迷雾”、“心理导航”、“拓展训练”、“我的感悟”四个基本模块，根据需要有的章节还有“名言警句”、“讨论会”、“心灵鸡汤”等模块，内容贴近学生的学习和生活，有较强的可读性和可操作性。

本书可作为中等职业学校心理健康教育课程的教材，也可作为广大社会青少年和家长的心理咨询读物。

图书在版编目(CIP)数据

心理健康教育/郭兴民主编．—北京：冶金工业出版社，2014.6（2015.9 重印）

ISBN 978-7-5024-6642-8

Ⅰ.①心…　Ⅱ.①郭…　Ⅲ.①心理健康—健康教育—中等专业学校—教材　Ⅳ.①G479

中国版本图书馆 CIP 数据核字(2014)第107194号

出 版 人　谭学余
地　　址　北京市东城区嵩祝院北巷39号　邮编　100009　电话　(010)64027926
网　　址　www.cnmip.com.cn　电子信箱　yjcbs@cnmip.com.cn
责任编辑　陈慰萍　美术编辑　吕欣童　版式设计　孙跃红
责任校对　王佳祺　责任印制　李玉山
ISBN 978-7-5024-6642-8
冶金工业出版社出版发行；各地新华书店经销；三河市双峰印刷装订有限公司印刷
2014年6月第1版，2015年9月第2次印刷
169mm×239mm；9.75印张；139千字；145页
22.00 元

冶金工业出版社　投稿电话　(010)64027932　投稿信箱　tougao@cnmip.com.cn
冶金工业出版社营销中心　电话　(010)64044283　传真　(010)64027893
冶金书店　地址　北京市东四西大街46号(100010)　电话　(010)65289081(兼传真)
冶金工业出版社天猫旗舰店　yjgycbs.tmall.com
（本书如有印装质量问题，本社营销中心负责退换）

前　言

健康心理是现代生活中人们广泛涉及的主题之一。无论是生活中的衣食住行，还是工作中的为人处世，人们都离不开心理学。很多时候，人们需要心理辅导。

中职学生处于身心发展的关键期、敏感期，在生活、学习、人际交往中，时常遇到各种各样的心理问题。这些问题必须及时解决，否则会影响学生的健康成长，甚至影响其未来职业选择和人生道路。中等职业学校教师，是教育教学的一线人员，直接与学生接触，需要了解一些心理学知识，掌握一些心理问题处理方法。教师在教育教学中，要引导学生认识自己、认识社会；要对有“问题”的学生进行心理疏导，引导学生树立正确的世界观、人生观、价值观。

本书正是基于教育教学的实际需要编写而成的。本书编者由一线教师、心理辅导老师组成，他们具有丰富的教育教学和学生心理问题处理经验，编写内容贴近于工作实际。本书汲取了同类教材的优点和编写经验，以“问题产生、问题解决、拓展训练”为主线，淡化学科知识，从实际案例入手，分析和解决学生心理问题；增加拓展训练活动，通过拓展训练，进行体验式教学。

本书由郭兴民担任主编，田俊收担任副主编。参加编写工作的还有：孟惠娟、刘春利、郝茜、张惠敏、曹莉、刘薇等人。天津市职业培训包专家、天津市劳动保障技师学院院长王玉涛为本书主审。在编写过程中，参考了许多文献资料，在此对文献作者表示感谢。感谢天津市劳动保障技师学院、天津市劳动保护学校领导和老师的大力支持。

由于编者水平有限，教材存在的不足，敬请读者批评指正。

编　者

2014 年 4 月

目　录

1 认识自己

对自己身心活动的觉察就是自我意识，即自己对自己的认识，具体包括认识自己的生理状况（如身高、体重、体态等）、心理特征（如兴趣、能力、气质、性格等）以及自己与他人的关系（如自己与周围人们相处的关系、自己在集体中的位置与作用等）。了解自我意识，认识意志力和自己的价值观，犹如打仗时的“知己知彼，百战不殆”。

1.1 自我意识

案例：小刘，学生，来自农村，家里生活一直很苦，父母期盼他能够考上一所好大学，到大城市生活和发展。他是个很孝顺很听话的孩子，知道自己是父母的希望。他以为只要考上了大学，父母就能开心起来，家里的境况也会很快好起来。因此，上大学成了他唯一的目标。考上大学时，妈妈对他说：“到大学里要好好学习！不要贪玩把学业给荒废了！”进入大学后，老师和学长对他说，在大学里除了搞好学习以外，还要学会适应这个社会以及与人相处。他慢慢意识到，如果还像以前一样死读书，那么将来就不能很好地适应社会。于是，他开始寻找自己的生活目标，到底什么才是他应该追求的？从此平静的大学生活起了波澜。他发现自己没有办法再像以前那样专心于学习了，更加没有从前的雄心壮志了。他这样描述：“我看到一些同学，他们整天吃喝玩乐、泡网吧，却能顺利通过考试；我还看到一些社会上的有钱人，他们没什么文凭却能创办公司或企业。有同学说，在大学里如果做不到三件事就枉来大学一趟：找女朋友、挂科、做兼职赚钱。但从报纸杂志上，我也知道这个世界上还有许多伟大的人物，他们能够抵抗各种诱惑和寂寞，在自己的专业领域勇往直前，最终取得举世瞩目的成就。他们都是令我羡慕的人，因为我觉得他们要么过得很开心，要么过得很有成就感。”刚刚认识社会的他陷入了迷茫和困惑之中。“很多时候，”他说，“我明明想这样做，可实际上却那样做了。真不知自己怎么了。我越来越认识不清楚自己，更不知道自己的生活目标是什么。我感到内心的冲突和失衡，我是不是得了什么病?”

心理导航

自我意识有三个层次，即从知、情、意三方面分析的，是由自我认知、自我体验和自我调节三个子系统构成的。因此，自我意识也可以称作自我调节系统。

自我认知是自我意识的认知成分，是自我意识的首要成分，也是自我调节控制的心理基础，它包括自我感觉、自我概念、自我观察、自我分析和自我评价。自我分析是在自我观察的基础上对自身状况的反思。自我评价是对自己能力、品德、行为等社会价值的评估，它最能代表一个人自我认识的水平。

自我体验是自我意识在情感方面的表现。自我体验的具体内容主要是自尊心、自信心。自尊心是个体在进行社会比较的过程中所获得的关于自我价值的积极的评价与体验。自信心是个体对自己的能力是否适合所承担的任务而产生的自我体验。自信心与自尊心和自我评价联系紧密。

自我意识的意志成分是自我调节。个人对自己的行为、活动和态度的调控是自我调节的主要表现。它包括自我检查、自我监督、自我控制等。主体在头脑中将自己的活动结果与活动目的加以比较、对照的过程是自我检查。一个人以其良心或内在的行为准则对自己的言行实行监督的过程称为自我监督。主体对自身心理与行为的主动的掌握是自我控制。自我意识中直接作用于个体行为的环节是自我调节，它是一个人自我教育、自我发展的重要机制。自我调节的实现是自我意识的能动性质的表现。自我调节的作用表现为：启动或制止行为；心理活动的转移；心理过程的加速或减速；积极性的加强或减弱；动机的协调；根据所拟订的计划监督检查行动；动作的协调一致等。

那怎样才能获得对自我的正确认识呢？有以下几种方法：

（1）与他人比较。

将自我与周围人进行比较，是了解自己的一个重要途径。对于我们来说，主要是与同龄人比较。同龄人之间有很多相似之处，可以互相交流和沟通，同时互相了解得也比较透彻。比较不是目的，更不是攀比，而是通过比较来正确认识自己。

（2）与自己比较。

我们可以通过与自己的过去比较来认识自己。不管我们在群体中的位置如何，如果相对于自己的过去是进步，那就值得庆贺。

（3）自我反省。

通过自我反省，我们能够更深刻地认识自己，逐渐形成一套正确的自我评价标准，从而更好地在认识自我的基础上塑造自我，最后达到自我实现的目标。

拓展训练

（1）照镜子活动。

地点：形体训练室。

活动内容：每位同学认真、安静地正视镜中的自己五分钟，主要观察自己的面部和形体，同时要在心里根据镜子中的形象描述自己。

活动结束后，引入此次课的主题——正确地认识自我。

（2）自我剖析。

每位同学尝试在五分钟之内不断地说出关于自己的一切，并在纸上写下至少20个关于“我”的句子。不作太多思考，想到什么写什么，内容不受限制。

我________________ 我________________

我________________ 我________________

我________________ 我________________

我________________ 我________________

我________________ 我________________

我________________ 我________________

我＿＿＿＿＿＿＿＿＿＿＿＿＿ 我＿＿＿＿＿＿＿＿＿＿

我＿＿＿＿＿＿＿＿＿＿＿＿＿ 我＿＿＿＿＿＿＿＿＿＿

我＿＿＿＿＿＿＿＿＿＿＿＿＿ 我＿＿＿＿＿＿＿＿＿＿

我＿＿＿＿＿＿＿＿＿＿＿＿＿ 我＿＿＿＿＿＿＿＿＿＿

(3) 我的过去、现在和未来。

反思自己的过去和现在，展望未来。

——想过去

我的幸福往事：

一件最让我伤心的事：

我最害怕回忆什么：

被老师表扬的情景：

去年我的最大成功是什么：

至今也不肯告诉人的秘密：

——想现在

我是什么样的人：

我的最大优点：

我的缺点：

我是自卑还是自信的：

学习的意义在哪里：

我有哪些才能：

——想未来

我将去向何方：

我会有哪些成就：

我的形象会不会改变：

我会为了什么而忙碌：

我生活如何：

我的目标是什么：

我准备何时实现目标：

（4）小组活动。

1）以6~8人为一组围成圈，布置活动内容。

自己讲述自己的优缺点，由小组其他人提出建议。

2）优点轰炸。在小组圈中央放置一把椅子，请同学轮流坐在上面，其他人依次坐在其对面，作为评价者说出其一个优点。评价者要直截了当地说，被评价者只能听，可以记录。评价结束后可做适当解释。

3）为他人做一件事。在活动现场，在小组内部，由在座的同学为其他人做一件力所能及的事情。

我的感悟

感悟是指人们对特定事物或经历所产生的感想与体会，是一种心理上的妙觉。结合本章内容，写出自己的感受。

1.2 我的意志力

我们将人自觉地确定目标，并根据目标调节支配自身的行动，克服困难，去实现预定目标的心理过程称为意志。它是人的意识能动性的集中体现，是人类特有的心理现象。意志在人主动变革现实的行动中表现出来，对心理状态和外在行为有发动、坚持、制止和改变的控制调节作用。

意志力是指人们为达到既定目标而自觉努力的程度或坚强的意志品质。它是一个人在生活中形成的比较稳定的意志特征，是个性的重要组成部分。人的意志力并不是与生俱来的，而是在社会实践活动中逐渐培养锻炼出来的。

心灵迷雾

案例：有的同学谈到自己的苦恼：我有时自己管不住自己，知道自己这么做不对却还是这么做了。比如，上课时知道不能玩手机、说话，应该好好学习，可是一到上课时就是管不住自己，有时就想玩、想说话。有的同学说："我平时注意力很难集中，久而久之，什么都不会了，上课也没动力了。"也有的同学说："我身体不好，想锻炼，但是总是坚持不下来，最多能连续锻炼一周。"

这些的问题，在你身上发生过吗？

为什么呢？

心理导航

案例中的同学产生的问题很大程度上是因为缺乏意志力。心理学家通常把意志力分成静态和动态两方面。一方面，它是引导人类行动的力量；而另一方面，它又是人们在这些行动中的行为。因此，当一个人能够在某一事件或一连串事件中表现出极大的决心与力量时，就会被认为拥有很强的意志力（静态的）；而他的意志力的特性，需要通过他的决心或行动的力度和持久性体现出来。此时，这一过程中所展现出来的意志力就变为了动态的意志力。

俗话说"意志创造人"。在人的大脑中，储藏着取之不尽的财富。通过提高意志力，人可以获得人生的富贵，拥有生活中的各种成就。这种意志之力，在我们每个人的身体内默默地潜藏着。真正创造人生奇迹的是人的意志之力。意志是人的最高领袖，是各种命令的发布者，当这些命令被完全执行时，对世上每个人的价值无法估量的意志的指导作用就发挥出来了。下面提供几个增强意志力的方法。

（1）积极主动做事情。

有这样一则案例：美国东海岸的一位商人知道自己喝酒太多，然而他从事的是一种很烦人的工作，在进餐前喝几杯葡萄酒似乎能让他的紧张心情得到放松。可酒和累人的工作又使得他昏昏欲睡，因此常常一喝完酒他便呼呼大睡。有一天，这位商人意识到自己是在借酒消愁，浪费时光。于是他决定不再贪杯，而是把更多的时间用于儿女身上。刚开始时很不容易，常常想起那香气四溢的葡萄酒，但他告诫自己现在所做的事将有所得而不是有所失。后来的事实证明，他越是关心家庭和子女，工作起来的干劲也就越大。

可见，主动的意志力能让你克服惰性，把注意力集中于未来。在遇到阻力时，想象自己在克服它之后的快乐，积极投身于实现自己目标的具体实践中，你就能坚持到底。不要把意志力与自我否定相混淆，当它应用于积极向上的目标时，将会变成一种巨大的力量。

（2）下定决心培养意志力。

美国罗得艾兰大学心理学教授詹姆斯·普罗斯把实现某种转变分为四步：

抵制——不愿意转变；

考虑——权衡转变的得失；

行动——培养意志力来实现转变；

坚持——用意志力来保持转变。

有的人属于“慢性决策者”，他们知道自己应该减少喝酒量，但决策时却优柔寡断，结果无法付诸行动。

为了下定决心，我们可以为自己的目标规定期限。有个小故事刚好可以说明这点。玛吉·柯林斯是加州的一位教师，对如何使自己臃肿的身材瘦下来十分苦恼。后来，她被选为一个市民组织的主席，决定减肥6公斤。为此，她购买了比自己的身材小两号的服装，要在3个月之后的年会上穿起来。由于坚持不懈，柯林斯终于如愿以偿。

（3）明确做事情的目标。

尽可能不要说诸如此类空空洞洞的话：“我打算多进行一些体育锻炼。”或“我计划多读一点书。”应该具体、明确地表示：“我打算每天早晨步行45分钟。”或“我计划一周中一、三、五的晚上读一个小时的书。”

有学者曾经研究过一组打算从元旦起改变自己行为的实验对象，结果发现最成功的是那些目标最具体、明确的人。其中一名男子决心每天做到对妻子和颜悦色、平等相待。后来，他果真办到了。而另一个人只是笼统地表示要对家里的人更好一些，结果没几天又是老样子，照样吵架。

(4) 权衡好利弊。

如果你因为看不到实际好处而对体育锻炼三心二意的话，光有愿望是无法让你心甘情愿地穿上跑鞋的。

著名的普罗斯教授对前往他那儿咨询的人劝告说，可以在一张纸上画好4个格子，以便填写短期和长期的损失和收获。假如你打算戒烟，可以在顶上两格上填上短期损失（“我一开始感到很难过”）和短期收获（“我可以省下一笔钱”）；底下两格填上长期收获（“我的身体将变得更健康”）和长期损失（“我将失去一种排忧解闷的方法”）。通过这样的仔细比较，聚集起戒烟的意志力就更容易了。

(5) 主动改变自我。

仅仅知道收获是不够的，最根本的动力产生于改变自己形象和把握自己生活的愿望。道理有时可以使人信服，但只有在感情因素被激发起来时，自己才能真正响应。

有个案例是这样的：汤姆每天要抽三盒烟，尽管咳嗽不止，但依然听不进医生的劝告，依旧是我行我素，照抽不误。“有一天，我突然意识到自己真是太笨了。”他回忆说，“这不是在‘自杀’吗？为了活命，得把烟戒掉。”由于戒烟能使自己感觉更好，汤姆产生了改掉不良习惯的意志力。

(6) 注重精神。

法国17世纪的著名将领图朗瓦以身先士卒闻名，每次打仗都站在队伍的最前面。在别人问及此事时，他直言不讳道：“我的行动看上去像一个勇敢的人，然而自始至终却害怕极了。我没有向胆怯屈服，而是对身体说：‘老伙计，你虽然在颤抖，可得往前走啊！’”因此，每次他都毅然地冲锋在前。

大量的事实证明，好像自己有顽强意志一样地去行动，有助于使自己成为一个具有顽强意志力的人。

(7) 注重磨炼意志。

早在1915年，心理学家博伊德·巴雷特曾经提出一套锻炼意志的方法。其中包括从椅子上起身和坐下30次，把一盒火柴全部倒掉后一根一根地装回盒子里。他认为，这些练习可以增强意志力，以便日后去面对更严重、更困难的挑战。巴雷特的具体建议似乎有些过时，但他的思路却给人以启发。例如，你可以事先安排星期天上午要干的事情，并下决心不办好就不吃午饭。

来自新泽西州的比尔·布拉德利是纽约职业篮球队的明星，除了参加正常的训练之外，他每天都是一大早来到球场，独自一个人练习投篮。“功夫不负有心人”，他终于成为球队里投篮得分最多的人。

（8）一定坚持到底。

中国古话说“有志者事竟成”，这其中就含有与困难作斗争并且将其克服的意思。有学者在对戒烟后又重新吸烟的人进行研究后发现，许多人原先并没有认真考虑如何去对付香烟的诱惑。所以尽管鼓起勇气去戒烟，但是不能坚持到底。当别人递上一支烟时，便又接过来吸了起来。

如果你决心戒酒，那么在任何场合里都不要去碰酒杯。倘若你要坚持慢跑，即使早晨醒来时天上下着暴雨，也要在室内照常锻炼。

（9）实事求是。

如果规定自己在较短时间内完成较巨大的任务等一些无法实现的目标，那么再坚强的意志也无济于事。而且，失败的后果最终将使自己再试一次的愿望化为乌有。

所以，在许多情况下，将单一的大目标分解成许多小目标不失为一种好办法。比如打算戒酒的人可以在自己的房间里贴一条标语——每天不喝酒。由于把戒酒的总目标分解成了一天天具体的行动，因此第二天又可以再次明确自己的决心。到了一周末，回顾自己7天来的一系列“胜利”时将会信心百倍，最终会与酒“拜拜”的。

（10）需要逐步培养。

坚强的意志不可能在一夜间突然产生，它需要在逐渐积累的过程中一步步地形成。而且形成过程中还会不可避免地遇到挫折和失败，必须找出使自己斗志涣散的原因，才能有针对性地解决。

有人在第一次戒烟时，下了很大的决心，但以失败告终。在分析原因时，他意识到需要做点什么事来代替拿烟，后来买来了针和毛线，想吸烟时便编织毛衣。几个月之后，他彻底戒掉烟，并且还会编织出美丽的毛线衣，真可谓“一举两得”。

（11）乘胜前进。

实践证明，每一次成功都将会使意志力进一步增强。如果你用顽强的意志克服了一种不良习惯，那么就能获取与另一次挑战决斗并且获胜的信心。

每一次成功都能使自信心增加一分，能为攀登悬崖的艰苦征途提供一个坚实的“立足点”。或许面对的新任务更加艰难，但既然以前能成功，这一次以及今后也一定会胜利。

（1）五分钟冥想。

1）原地不动，安静坐好。

坐在椅子上，双脚平放在地上，或盘腿坐在垫子上。背挺直，双手放在膝盖上。冥想时一定不能烦躁，这是自控力的基本保证。如果你想挠痒的话，可以调整一下胳膊的位置，腿交叉或伸直，看自己是否有冲动但能克制。简单的静坐对于意志力的冥想训练至关重要。你将学会，不再屈服于大脑和身体产生的冲动。

2）注意你的呼吸。

闭上眼睛。要是怕睡着，你可以盯着某处看，比如盯着一面白墙，但不要看电视。注意你的呼吸。吸气时在脑海中默念“吸”，呼气时在脑海中默念“呼”。当你发现自己有点走神的时候，重新将注意力集中到呼吸上。这种反复的注意力训练，能让前额皮质开启高速模式，让大脑中处理压力和冲动的区域更加稳定。

3）感受呼吸，弄清自己是怎么走神的。

几分钟后，你就可以不再默念“呼”、“吸”了，试着专注于呼吸本身。你会注意到空气从鼻子和嘴巴进入和呼出的感觉，感觉到吸气时胸腹部的扩张和呼气时胸腹部的收缩。不再默念“呼”、“吸”之后，你可能更容易走神。像之前一样，当你发现自己在想别的事情时，重新将注意力集中到呼吸上。如果你觉得很难重新集中注意力，就在心里多默念几遍“呼”和“吸”。这部分的训练能锻炼你的自我意识和自控能力。刚开始的时候，你每天锻炼 5 分钟就行。习惯成自然后，请试着每天做 10 ~ 15 分钟。如果你觉得有负担，那就减少到 5 分钟。每天做比较短的训练，也比把比较长的训练拖到明天好。这样，你每天都会有一段固定的时间冥想，比如早晨洗澡之前。如果你做不到，可以对时间进行适当的调整。从每天 5 分钟开始，习惯后增加到 10 ~ 15 分钟，最好在每天的固定时间做。

（2）降低呼吸频率。

将呼吸频率降低到每分钟 4 ~ 6 次，也就是每次呼吸用 10 ~ 15 秒时间，比平常呼吸要慢一些。只要你有足够的耐心，加上必要的练习，这一点不难办到。放慢呼吸能激活前额皮质，提高心率变异度，有助于你的身心从压力状态调整到自控力状态。这样训练几分钟之后，你就会感到平静、有控制感，能够克制欲望，迎接挑战。

在吃饭之前，你不妨先作个放慢呼吸的训练，先计算你平常的呼吸频率，然后放慢呼吸，但不要憋气（这样只会让你更紧张）。对大多数人来说，放慢呼气速度很容易，因此，请专注于慢慢地、充分地呼气（就像用吸管向外吹气一样）。充分地呼气让你能更加充分地吸气。如果你无法每分钟呼吸 4 次，那也别担心，当呼吸频率下降到每分钟 12 次以下时，心率变异度就会稳步提高。

只要做 1 ~ 2 分钟的呼吸训练，就能提高你的意志力储备。所以，每当你面临意志力挑战的时候，都可以尝试这种办法。

我的感悟

结合本节内容，谈一谈你对意志力的看法。

1.3 我的价值观

心灵谜案

案例一：2003年，沈阳某职校二年级女学生与校外男青年发生冲突。该女生回校后，跟男友哭诉，男友义愤填膺，携两名“好哥们”前往复仇。三男一女四名学生到校外寻找滋事男青年，找到后，将其痛打一顿，扬长而去。打人者走出200多米后，觉得还不够解气，又返回再施拳脚。打完后仍不甘心，从被打者身上搜出100元钱，离开。结果被打者报案，四名学生以抢劫罪被抓。

案例二：某心理咨询师一个晚上接了两个求助电话。一个电话为某学生母亲打来的。她上高中的儿子平时要啥给啥，却还偷母亲的钱。每次被发现教育后，都说改，结果还是继续偷母亲的钱。另一个电话是某校班主任老师打来的。她说，一名中职一年级的女学生，长的大气漂亮，学习又好，但却有偷别人钱的毛病。

案例三：晚上十点钟左右，几个喝醉酒的少年在大街上闲逛。其中一少年欲打电话，走到电话亭旁，拿起电话使劲拍打，边拍边骂，然后插入电话卡后拨号，电话占线，把电话猛摔下来，接着又很气愤地打了几下公用电话亭，才拿出电话卡骂骂咧咧地走出电话亭。电话在半空中挂着，发出嘟嘟的忙音……

案例四：走进某职校教学楼男生的公共厕所，发现被冲洗过的便池几乎没有，大多都是污物当道，即使没有大便当道，也是小便赫然。何也？

心理导航

一个人对周围的客观事物（包括人、事、物）的意义、重要性的总评价和总看法称为价值观。它一方面表现为价值取向、价值追求，凝结为一定的价值目标；另一方面表现为价值尺度和准则，成为人们判断价值事物有无价值及价值大小的评价标准。个人的价值观具有相对稳定性。但就社会和群体而言，由于人员更替和环境的变化，价值观念是不断变化的。传统价值观念总是不断地受到新价值观的挑战。价值观体系由对诸事物的看法和评价在心目中的主次、轻重的排列次序构成。价值观和价值观体系是决定人的行为的心理基础。价值观具有稳定性、持久性、历史性、选择性和主观性等特点。

价值观对人们自身行为的定向和调节起着非常重要的作用。价值观决定人的自我认识，直接影响和决定一个人的理想、信念、生活目标和追求方向的性质。价值观的作用大致体现在以下两个方面：

（1）对动机具有导向作用。

人们行为的动机受价值观的支配和制约，价值观对动机模式有重要影响。在同样的客观条件下，具有不同价值观的人，其动机模式不同，产生的行为也不相同。动机的目标方向受价值观的支配，只有那些被认为是可取的价值判断，才能转换为行为的动机，并以此为目标引导人们的行为。

（2）反映人们的认知和需求状况。

价值观是人们对客观世界及行为结果的评价和看法，因而，它从某个方面反映了人们的人生观和世界观，反映了人的主观认知世界。

如何树立正确的价值观呢？需要从以下几个方面着手：

（1）牢固树立“以人的自由而全面发展为目的”的崇高社会理想的价值观，把人生的理想坚定不移地定位在为共产主义理想奋斗上。

我们要始终把人生的价值观，坚定不移地定位在为实现共产主义奋斗上，从当前来说，就是要在构建和谐社会阶段的进程中，始终坚持“以人为本”的科学发展观，对和谐社会阶段的制度体系进行创新，从而在为实现“人的自由而全面发展”的进程中实现自己的人生价值。

（2）树立大公无私、公道正派、清正廉洁，为党和人民利益奉献一切的高尚人生价值观。

当前，尽管经济发展的模式和人们的思想观念发生了巨大变化，但是为共产主义理想奋斗的基本理念不能变，为党和人民利益奉献出一切的高尚境界不能丢。

（3）树立以“八荣八耻”为重要内容的道德价值观，大力弘扬社会主义、爱国主义、集体主义精神。

社会主义价值观就是以社会主义的根本利益为价值目标。其最基本的要求：一是坚持走社会主义道路；二是不断解放和发展社会生产力；三是走共同富裕之路；四是走民主法治之道，保障人民当家做主，保障最广大人民群众的根本利益和合法权益。在这个基础上，爱国主义价值观就是以国家利益为根本价值准绳，要求每一个公民都要在实现和维护国家利益中实现自我的价值。集体主义的价值观就是以集体利益为最高价值标准，一切行为都应当把个人利益和集体利益统一起来。

以“八荣八耻”为重要内容的社会主义荣辱观，包含着爱国主义、集体主义的世界观、人生观和价值观，凝聚了社会主义价值观的精髓，而且具体到一个人的教养、人格、品行、胸襟等，“荣”是积极奋进的目标，“耻”是防微杜渐的警钟。具体来说，“以热爱祖国为荣、以危害祖国为耻”，就是要以社会主义、爱国主义和集体主义价值观为导向，在新形势下，以建设祖国、保卫祖国、富强祖国为最大光荣，以损害祖国的荣誉、尊严和利益为最大耻辱；“以服务人民为荣、以背离人民为耻”，就是要正确认识和处理个人与人民的关系，一切从人民的利益出发，把个人利益与集体利益有机地结合起来，把自己的一生献给服务人民的光荣事业中去，在不同岗位、通过不同形式为人民服务，与此同时，要高度警惕可能出现的种种背离人民利益的倾向；“以崇尚科学为荣、以愚昧无知为耻”，就是面对日趋激烈的国际竞争，我们必须把科学技术真正置于优先发展的战略地位，并且在全社会形成讲科学、爱科学、学科学、用科学的社会风尚；“以辛勤劳动为荣、以好逸恶劳为耻”，就是随着社会主义市场经济的建立和完善，我们要在各行各业和各自岗位中培养热爱劳动、尊重劳动的思想，并使之成为衡量公民道德品质的价值尺度；“以团结互助为荣、以损人利己为耻”，就是要正确认识和处理个人与他人的关系，在市场经济条件下形成良好的社会风气，避免种种损人利己的行为；“以诚实守信为荣、以见利忘义为耻”，就是要正确认识和处理“义”与“利”的关系，将诚实守信作为个人行为的基本准则；“以遵纪守法为荣、以违法乱纪为耻”，就是要增强法律意识，自觉维护法律尊严，从被动的“要我遵纪守法”变成主动自觉的“我要遵纪守法”；“以艰苦奋斗为荣、以骄奢淫逸为耻”，就是要正确认识和处理勤俭与奢侈的关系、劳动与享乐的关系，认识到我们现代化建设的道路还很长，任务还很艰巨，必须在新时期继续保持和发扬勤劳朴素的优良传统和艰苦奋斗的伟大精神，形成“节约光荣、浪费可耻”的社会风尚。

（4）牢固树立“以人为本”和以实现人的全面发展为目标的核心价值观，自觉维护民主法制和公平正义，为构建社会主义和谐社会贡献力量。

有学者认为，今后20年将是中国人新的核心价值观形成的过程。实际上和谐社会的核心价值观现在已经在形成。什么是和谐社会的核心价值观？十八大从国家、社会、个人三个层面做出了具体的阐述：富强、民主、文明、和谐、自由、平等、公正、法治、爱国、敬业、诚信、友善。这就是对社会主义核心价值观的最新概括。

拓展训练

活动名称：参观天津规划展览馆。

活动目的：

（1）了解天津历史。

（2）增进同学们热爱天津、建设天津的热情。

（3）树立为祖国建设服务的理念。

活动分组：按照预估人数分组，按所分的组乘坐公交，并在规定时间在天津规划展览馆门口集合，统一参观。

我的感悟

谈谈你对价值观的看法。谈谈自己的价值观。

____

____

____

____

____

____

心灵鸡汤

不管你如今身在何处，不管你在过去成就与否，你都需要接受下面关于自己的这七个事实：

（1）你是一个非常优秀、非常棒的人；无比珍贵，没有人比你更好，没有人比你更有天赋。自我怀疑来自于你对自己优秀品质和价值的否定，诸多的不满则是你自我怀疑的根源所在。

（2）在很多时候，你都很重要。首先对于你自己来说，你很重要。你的世界因你而独特，只有你才能将你所看到的或听到的赋予意义，意义靠你赋予，否则你的世界里任何事情都是毫无意义的。

（3）你拥有无限潜能和创造理想世界和生活的力量。除非你活够一百次，否则你是不可能运用你所有的潜能的。到目前为止，无论你成就了什么，那也只是你的潜能的一点点而已。你越是发展自己的天赋和能力，将来就越能发掘更多的潜能。

（4）你的思维方式和信念决定了你的未来。信念成就现实，当你开始质疑消极的自我限制的信念，开始发展与你现实相符的信念时，你的人生马上就会有个大变样。

（5）你可以自由选择思想的内容和人生的方向。你的思维就像花园：如果你无心种花，野草就会肆意的疯长；同样如果你无心种植和培养积极的想法，消极的想法也会疯长。

（6）你是背负着伟大的命运降生在地球上的，你注定能够成就非凡的人生。你独特的才能、天赋、思维、洞察力和经验让你与众不同。你注定获得成功，创造非凡。

（7）一切都不设限，除了你对自身的想法和自我想象的限制。你面临的最大的敌人就是自我怀疑和恐惧。这些通常都是一些并不真实的消极信念，但久而久之，你便会接受它们并不再质疑。

记住一点：你来自哪里并不重要；重要的是你将要走向哪里。（摘自可可英语网）

2 情绪管理

情绪是个体对外界刺激的主观的有意识的体验和感受，具有心理和生理反应的特征。内在的感受我们无法直接观测，但是我们能够通过其外显的行为或生理变化来进行推断。认识情绪，学会表达情绪，学会自我激励，对于情绪的管理至关重要。

2.1 认识情绪

情绪是身体对行为成功的可能性乃至必然性，在生理反应上的评价和体验，包括喜、怒、忧、思、悲、恐、惊七种。例如，喜会是手舞足蹈，怒会是咬牙切齿，忧会是茶饭不思，悲会是痛心疾首等，就是情绪在身体动作上的反应。行为在身体动作上表现得越强就说明其情绪越强。情绪对于信心来说，是其整体中的一部分，它与信心中的外向认知、外在意识协调一致，可以说是信心在生理上一种暂时的较剧烈的生理评价和体验。

案例：学生月月，因为一次意外，腿部骨折，休学半年。她性格内向，沉默寡言，整天郁郁寡欢，喜欢独来独往，课间总是忧郁地朝着窗外发呆。月月有一种自卑心理，并且她的家庭背景也很特殊。妈妈身患残疾，父亲捡破烂。苦难的家庭背景让她觉得在同学们面前难以启齿，抬不起头来，每天情绪低落，做什么事情都没有精气神。

心理导航

对于学生月月的问题，老师可以真诚地与其进行沟通，告诉她人生的考验源于苦难的经历，勇者、智者可以跨越障碍，走向成功；懦弱、胆小者会因此背上沉重的心理负担，停止不前。在鼓励中让她自信起来，在成长中拥有正确的价值观、健康的情绪。那么，什么是健康的情绪，健康的情绪标志有哪些呢？现总结如下：

（1）有因可归。

任何情绪、情感的产生与发展必须由一定的原因引起。例如，可喜的现象引起欢乐的情绪；不幸的事件引起悲哀的情绪；挫折引起沮丧的情绪；等等。不健康情绪的表现主要是无缘无故的喜、怒、哀、乐，莫名其妙的悲伤、恐惧。

（2）恰当的表现。

一定的情绪反应总是由一定的刺激引起的，反应和刺激应相互吻合。例如因成功而喜悦，因失败而痛苦，该高兴就高兴，该悲哀就悲哀。假如失去亲人还哈哈大笑，或者受到挫折反而高兴，受到尊敬反而愤怒，就是情绪不健康的表现。

（3）适度的反应。

情绪表现的持续时间和强烈程度都应适当，不能无休无止、没完没了，也不能过分强烈或过于冷漠。刺激强度越大，情绪反应就越强烈；反之，刺激强度越小，情绪反应也就越弱。如果微弱的刺激引起强烈的情绪反应，则是情绪不健康的表现。

（4）稳定的情绪。

一个人的中枢神经系统活动处于相对的平衡状态，也反映了中枢神经系统活动的协调，表明情绪稳定。一般来说，情绪反应开始时比较强烈，随着时间的推移，反应逐渐减弱。如果反应时强时弱，变化莫测，经常处于不稳定状态，则是情绪不健康的表现。

（5）愉快的心情。

心境以愉快为主，积极情绪多于消极情绪。如果一个人经常情绪低落，愁眉苦脸，心情郁闷，则是心理不健康的表现。

（6）能自我控制。

能受自我调节和控制的是健康的情绪。情绪健康的人，应是情绪的主人，可把消极的情绪转化为积极的情绪，也可把激情转化为冷静。

如何调整出健康的情绪呢？可以从以下几个方面着手：

（1）认知重新调整。

1）正确归因：改变不合理的信念，正确归因，找到问题的症结所在，是克服不良情绪与培养健康情绪的关键。

2）抱负水平要适中：抱负是一种心理需要，这种需要决定着自己的行为将要达到什么样的目标，并支配自己的行为指向目标。

3）心态积极地多角度分析问题：任何事情没有绝对的完美，也没有绝对的坏，要用积极的心态去寻找事物的闪光点和光明面。

（2）学会交往。

要在与人交往中培养健康的情绪，因此要树立良好的第一印象，真诚守信，学会倾听，注重移情，学会宽容。

（3）利用积极的心理防卫机制。

心理预防机制是人的一种情绪调整技能，它能缓和心理矛盾，减轻或消除不良情绪体验，增加欢乐和愉快。它主要包括宣泄法、注意转移法、生化法和代偿法。

拓展训练

（1）体验愤怒情绪，克制愤怒。

1）请同学回忆最近发生的最令自己愤怒的一件事，拿出一张纸，按如下要求写下来：

描述自己愤怒时的表情和动作；

描述自己愤怒时的生理感觉；

表达自己愤怒时的内心感受；

写下自己愤怒时的行为反应；

写下自己愤怒反应后自己和对方的感受。

根据以上体验，让同学了解什么是愤怒的情绪。

2）事件重演。

将自己回忆的事件重演。找一位同学扮演另一位当事人，改用另一种处理方式重演此事件。然后互换角色，再演一遍。

通过事件的演练，希望同学明白愤怒的情绪可以克制，只要改变处理问题的方式和态度。

3）数数。

每位同学紧握拳头，从1数到60。数到40之后，无须刻意握紧拳头。数到40之后，每数一下，紧握一次拳头不放松，即使手很痛也要越握越紧，直到数完60个数。然后再慢慢放开拳头，体验放松后的快乐之感。

数完之后让同学表达自己的感受。

（2）克服厌学情绪。

1）厌学情绪小调查。

每位同学将自己不喜欢学习的心理状态和身体、行为表现写下来，大家一起讨论，归纳总结出厌学情绪的具体表现。

再让同学根据自身体验，将以下问题的答案写下来：

你对某项作业、某门学科、某位老师、某个学校产生过不满吗？

你会经常性的产生不满吗？

你会习惯性的产生不满吗？

2）克服厌学情绪的心理训练。

①想象训练。

通过此训练，建立积极的情绪体验。

每位同学闭上双眼，想象自己心情放松地进行学习的画面，越清晰、细致越好。期间，如果出现厌烦情绪，及时进行调节，想象完成作业的充实感和成功感，想象轻松地面对各种繁重困难的学习任务，并体会那种轻松的感觉。

②自我激励。

每位同学设置一个简单的数学公式的背诵，完成后，告诉自己：“我真棒！不错！加油！”反复练习几次。

③制定合理的学习目标。

不论自己现在的学习状态有多糟糕，成绩有多差，在此基础上制定出一个努力之后就会实现的小目标，并记录下来。

你拥有健康的情绪吗？通过本节内容学习，思考你如何形成健康的情绪。

2.2 情绪的表达

案例一：课堂上，某职校学生趴在课桌上看手机。老师走过来，让其将手机收起来。该生故意装作没听见。老师再次提醒，还是装作没听见。老师欲没收其手机，该生由于厌烦老师，大怒，将老师的手打开，还抓伤了老师的手背皮肤，并夺门而出……

案例二：有调查显示，未解决以及压抑的情绪特别具有摧毁性，会影响到与它们对应的器官及组织。长期不恰当地处理沮丧抑郁的情绪，可能导致胆结石或其他胆囊疾病；长期的焦虑与担忧影响胃经，可能导致胃溃疡与胃炎。

心理导航

情绪表达，简而言之，就是人们用来表现情绪的各种方式。如何表达情绪，对我们管理好自己的情绪来说是一个重大的课题。我们将情绪的表达分为心理表达和生理表达两个层面。在心理层面将情绪表达出来，其主要表达途径为认知、体验、表情、言语和行为。在生理表达层面，其主要以生理的形式将情绪表达出来，表达途径主要是心率、血压、呼吸、平滑肌节律、各种内感受器、肌肉紧张、立毛等。两种表达相伴随，相互代偿。其中情绪的心理表达具有非常的重要性，主要表现在主观可以调节、控制，对健康至关重要。心理表达不良时，生理表达代偿，久而久之会产生各种躯体疾病——癌症、高血压、冠心病、溃疡、哮喘等。学会并习惯于情绪的心理表达是健康的重要保障。

情绪的心理表达具有层次性，它有向自我表达、向他人表达、向环境表达和升华表达等层次。向自我表达是关键和基础，它是指让自我意识到情绪的性质、特点、产生的原因，即将情绪提高到意识层面。情绪的自我表达不良体现在意识不到自己情绪的变化和不了解情绪的起因、性质、特点。自我表达不良会致使不良情绪加重。因此，情绪的自我表达不良是心理疾病的基础之一。向他人表达是心理表达常用的形式。它是指将自己的情绪向周围人表达，让他人认识到自己的情绪。表达的对象可以是导致情绪产生的人，也可以是其他信任的人，如朋友、心理医生等。表达形式主要有语言表达和非语言表达。心理表达情绪还可以向环境表达，它是一种重要的补充形式，主要是指向自我和他人以外的客观环境来表达。表达形式也主要是语言表达和非语言表达。此方式比较适用于不善于与人交往者。情绪心理表达的最佳形式是升华表达，即超越所有表达的对象，将情绪的能量指向其他的、更高层次的需要，从而为那些高层次的需要提供能量。其表达形式与其他形式不同，主要有文学艺术，还可以将情绪的能量指向某种理想、信念，如“化悲痛为力量”。

情绪表达存在一个度的问题，受到对象、时间、场合等因素的制约。我们表达情绪时要考虑到这些因素。以下列举一些有效表达情绪的方法。

（1）察觉情绪。

学会整理复杂的情绪对我们很重要。有心理学者认为有两种常见的情绪组型："生气—受伤—羞耻"、"悲伤—生气—罪恶"，我们是因为受伤而生气还是因为生气而显得悲伤？只有先察觉自己的各种情绪才能精确表达出自己的感受。

（2）表达感受的时机要选对。

情绪是否要表达出来？有的人会认为涉及隐私或表达情绪会使别人受伤，因此就选择不表达。如果一旦决定要表达情绪，需要注意两点：一是处在极端情绪状态时，为避免说出日后后悔的话，需要暂停情绪表达；二是有些人喜欢在人多时或仗着权势来表达情绪。事实上这并不好，应选择彼此能够专注、没有压力、疲倦下讨论。因此选择表达感受的时机很重要。

（3）学会调整自己的内在语言。

当你深陷某种情绪时，你会采用什么样的内在自我语言？举例来说，云云是个人际关系不佳的女孩，原因是以自我为中心、个性古怪刁钻，不讨人喜欢，因此云云渐渐有些自恋。因为人际关系不好一直到了二十五岁尚未交过男友，对于爱情甚感期盼的云云，如果在路上遇到成双成对的情侣就会心生羡慕甚至妒忌。妒忌形之在外就成了批评，所以她认为谈恋爱的年轻人都是不知上进、道德感差的人。云云的内在自我语言是："老天爷，为什么是我，我已经二十五岁了，有的人在我这种年纪都已当妈妈了，为什么我到现在连个知心的人儿都没有，难道是别人看我长得太美而不敢追求还是老天爷已经忘了我？"如果云云的内在自我语言总是如此的话，那她怨天尤人与妒忌的心理会继续存在。另外在长期盼望等待的心理下也会产生焦虑与不耐烦、攻击的情绪。唯有云云知晓自己的内在自我语言，进而调整，才会脱离这种自怨自艾、不耐烦、妒忌的情绪。

（4）用"我讯息"代替"你讯息"表达自己的情绪。

例如对方多次以不友善、不尊重的语气和你说话，此刻的你可使用"我讯息"说："我不喜欢你用这种口气对我说话"来代替对他大吼说："你给我闭嘴"。前者在传达自己的情绪，后者在大声制止对方的行为。

（5）运用理性途径消除不合理性的想法进而改变情绪。

举例：某孩子妈妈的先生有外遇，妈妈独自带着小学一年级的孩子生活，是个很辛苦的单亲妈妈。妈妈觉得孩子调皮，担心孩子将来和他爸爸一样，因此当妈妈看到老师联络本上写着孩子不听话的时候，情绪就糟透了，甚至会没来由地就骂无辜的孩子。如果妈妈能消除自己不合理性的想法，将心中存在的过去感情失败、痛苦的阴影和忧虑过多的念头抛弃，才能重新客观地看到孩子也有活泼可爱的一面。此外，情绪表达与情绪宣泄不同。情绪表达主要使别人了解自己正处于某种不愉快的情绪当中，期待别人的支持与体谅。而情绪宣泄则是任性的发泄内心的不快，结果是损人不利己，破坏了和谐的气氛。当一个人会稳定自己的情绪，不随便发作心中的不快乐，能仔细考虑如何表达自己的情绪才适当。此外，我们也要学会尊重别人的情绪表达。有时我们会觉得别人不应该如此生气、如此伤心、如此失望，因此不等对方完整地表达完情绪感受时就否定对方的情绪。这种压抑别人情绪表达的情形是不对的，因为压抑了的情绪会积压起来，等爆发时将会一发不可收拾。

拓展训练

（1）心理小实验：情绪与呼吸。

人的情绪与呼吸的次数的关系见表 2-1。

表 2-1　情绪与呼吸

情绪状态	呼吸的次数
悲伤时	9 次/分钟
高兴时	17 次/分钟
积极动脑时	20 次/分钟
愤怒时	40 次/分钟
恐惧时	64 次/分钟

老师让学生看看哪些情绪状态下呼吸次数不处于正常范围。

（2）情绪猜猜猜。

请 8 位同学上来，每位抽取一个和情绪有关的成语，通过表情和肢体动作的表演，让大家猜猜这 8 位同学表演的成语，包括了哪几种情绪。

喜：眉开眼笑、手舞足蹈；

怒：怒发冲冠、咬牙切齿；

哀：愁眉苦脸、唉声叹气；

惧：手足无措、心惊胆战。

（3）情绪大蛋糕。

老师提问每个人的情绪世界是什么样子的。根据情绪来做一个自己的情绪大蛋糕。

要求：把自己这一周的情绪找出来，组成一个“情绪大蛋糕”。然后老师要求学生分享一下自己的情绪蛋糕，每个人都要按这样的句式表达自己的情绪：我觉得 + 情绪词汇，因为 + 原因。

以开火车的方式进行。老师先来，学生逐个表达。

我的感悟

你会表达自己的情绪吗？通过本节内容学习，你学会正确表达自己的情绪了吗？

2.3 自我激励

心灵迷雾

案例：涛涛，男，15 岁，某中学初二学生，成绩一般，智商中等。父母都在夜市里摆摊，对其关心不够。他上课常常迟到，听课效果差，不专心，或是乱画画或是看漫画书，作业、练习错误较多。家访得知，他常常晚上玩游戏机到深夜。但他也有优点，即他的闪光点，例如，爱劳动，不怕脏不怕累，有画画特长。有一次其父来校，班主任跟他说起涛涛画画画得很好时，其父非常高兴，喜悦之情溢于言表。

心理导航

我们把个体具有不需要外界奖励和惩罚作为激励手段，能为设定的目标自我努力工作的心理特征称为自我激励。强烈的自我激励可以说是成功的先决条件。人的一切行为都是受激励产生的，通过不断地自我激励，会产生一股内在的动力，朝所期望的目标前进，最终达到成功的顶峰。可见，自我激励可以说是一个人迈向成功的引擎。自我激励的方法有很多种，以下提供一些常用的方法：

（1）远离舒适区。

舒适区不是安乐窝，只是避风港。它只是人心中准备迎接下次挑战之前刻意放松自己和恢复元气的地方。为此，我们需要不断寻求挑战激励自己，提防自己滑向舒适区。

（2）好情绪要把握。

我们要找出自身的情绪高涨期以不断激励自己。因为人在开心的时候，体内就会发生奇妙的变化，从而获得新的动力和力量。不要总想在自身之外寻开心。令我们开心的事不在别处，就在自己身上。

（3）目标可调高。

如果我们的主要目标太小，而且太模糊不清，就会使自己失去动力，达不到自己孜孜以求的目标，并且如果你的主要目标不能激发你的想象力，目标的实现就会遥遥无期。因此，确立一个既宏伟又具体的远大目标才能真正激励你奋发向上。

（4）紧迫感要加紧。

我们大多数人对易逝去的生命视而不见，假装自己的生命会绵延无绝，自以为长命百岁。某一刻心血来潮，想起了筹划大事业，往往将目标和梦想寄托在“虚幻岛”的汪洋大海之中。其实，直面死亡未必要等到生命耗尽时的临终一刻。事实上，如果能逼真地想象我们的弥留之际，会物极必反产生一种再生的感觉，这是塑造自我的第一步。

（5）撇开不支持你目标的“朋友”。

你所交往的人会改变你的生活。对于那些不支持你目标的“朋友”，要敬而远之。与愤世嫉俗的人为伍，他们就会拉你沉沦。结交希望你快乐和成功的人，是你在追求快乐和成功的路上迈出的最重要的一步。因此同乐观的人为伴能让我们看到更多的人生希望。

（6）勇于迎接恐惧。

战胜恐惧后迎来的是某种安全有益的东西，这是世上最秘而不宣的秘密。即使仅仅克服的是小小的恐惧，也会使创造自己生活能力的信心增强。一味想避开恐惧，恐惧反而会穷追不舍。此时，勇敢的表现莫过于假装它们不存在。

（7）做好调整计划。

目标的实现没有坦途可以走。它总是曲折波澜，有起也有落。但我们仍可以安排自己的休整点。事先做好时间表，多看看，找出你放松、调整、恢复元气的时间。做好调整计划，即使是在你感觉不错的时候。比如在自己的事业波峰时，可以给自己安排休整点。可以暂时离开自己喜爱的工作，安排出一大段时间让自己隐退一下。这样会使你在重新投入工作时更富激情。

（8）直面困难。

困难对于脑力运动者来说，不过是一场场艰辛的比赛。真正的运动者总是盼望比赛。如果把困难看做对自己的诅咒，就很难在生活中找到动力。如果学会了把握困难带来的机遇，你自然会动力陡生。

（9）要首先感觉好。

我们首先要有良好的感觉，使自己在塑造自我的整个旅途中充满快乐，而不要再等到成功的最后一刻才去感受属于自己的欢乐。大多数人在达到某个目标时会感到身心舒畅。但问题是人可能永远达不到目标。把快乐建立在还不曾拥有的事情上，其实就是剥夺了自己创造快乐的权力。快乐是天赋权利。

（10）加强排练。

不妨先“排演”一场比你要面对的还要复杂的战斗。手上有棘手活而又犹豫不决时，我们不妨挑件更难的事先做。生活挑战你的事情，你定可以用来挑战自己。这样，你就可以自己开辟一条成功之路。成功的真谛是：对自己越苛刻，生活对你越宽容；对自己越宽容，生活对你越苛刻。

（11）立足现在。

锻炼自己即刻行动的能力。充分利用对现实的认知力。不要沉浸在过去，也不要耽溺于未来，要着眼于今天。当然要有梦想、筹划和制订创造目标的时间。不过，这一切就绪后，一定要学会脚踏实地，注重眼前的行动。要把整个生命凝聚在此时此刻。

（12）敢于竞争。

竞争给予我们宝贵的经验。无论你多么出色，总会人外有人，所以需要学会谦虚。努力胜过别人，能使自己更深地认识自己；努力胜过别人，便在生活中加入了竞争“游戏”。不管在哪里，都要敢于参与竞争，而且总要满怀快乐的心情。要明白最终超越别人远没有超越自己更重要。

（13）善于内省。

我们大多数人都可能通过别人对自己的印象和看法来认可自己。当然能够获得别人对自己的反映很不错，尤其是正面反馈。但是，把自己的个人形象建立在别人身上，凭别人的一面之词，就会面临严重束缚自己的危险。因此，这些溢美之词也只能是自己生活中的点缀。不要从别人身上找寻自己，应该经常自省并塑造自我，人生的棋局该由自己来摆。

（14）走向危机。

我们往往会无视危机能激发自己竭尽全力的这种现象，会愚蠢地创造一种追求舒适的生活，努力设计各种越来越轻松的生活方式，使自己生活得风平浪静。当然，我们并不是要坐等危机或悲剧的到来，从内心挑战自我是一个人生命力量的源泉。圣女贞德曾说过：“所有战斗的胜负首先在自我的心里见分晓。”

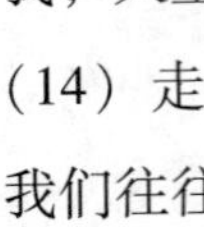

拓展训练

（1）花点儿时间在纸上列出九项能让你感觉良好的活动。

以下问题可以帮你找到这种活动：

你喜欢旅游、绘画、摄影、游泳或参观博物馆吗？

如果你有一天晚上有空，你是愿意去看电影、在家看一本书、看一场演出，还是愿意去看戏呢？

儿童时代，你喜欢做些什么呢？

你是一个助人为乐的人吗？你喜不喜欢在公益组织工作，或者在当地一家医院帮忙？

你是否能看到每件事物光明有趣的一面？

你喜欢玩一些傻傻的游戏或者到处乱逛吗？

如果你找到了那些让你感觉良好的活动，就再撕下一页空白的格纸，在每个空格里填写一项让你感到快乐的活动。然后，沿虚线将它撕成九份，把每一份都揉成一个纸球。最后，将所有这些纸球放在一个箱子或袋子里。每一周的开始，随意抽取一个纸球，在未来七天中一定要完成纸上所写的活动，另外几项活动则是备选方案。

（2）自信心：有力的动作。

为了增强自尊心和自信心，你应该做出强有力的动作。如果你坐着，就往后倚，目视高处并将双手交叠放于脑后；如果你站着，双脚在地上放平，挺胸抬头，双臂放在前方的桌子上。

感悟是指人们对特定事物或经历所产生的感想与体会，是一种心理上的妙觉。结合本节谈谈你的收获。

____

____

____

心灵鸡汤

(1) 爱地巴跑圈。

在古老的西藏，有一个叫爱地巴的人，每次生气和人起争执的时候，就以很快的速度跑回家去，绕着自己的房子和土地跑3圈，然后坐在田地边喘气。爱地巴工作非常努力，他的房子越来越大，土地也越来越广，但不管房子和土地有多大，只要与人争论生气，他还是会绕着房子和土地绕3圈。爱地巴为何每次生气都绕着房子和土地绕3圈？所有认识他的人，心理都起疑惑，但是不管怎么问他，爱地巴都不愿意说明。

直到有一天，爱地巴很老，他的房子和土地已经很广大，他生气，拄着拐杖艰难地绕着土地跟房子，等他好不容易走3圈，太阳都下山了，爱地巴独自坐在田边喘气。他的孙子在身边恳求他："阿公，你已经年纪大，这附近地区的人也没有人的土地比你更大，您不能再像从前，一生气就绕着土地跑啊！您可不可以告诉我这个秘密，为什么您一生气就要绕着土地跑上3圈？"

爱地巴禁不起孙子恳求，终于说出隐藏在心中多年的秘密，他说："年轻时，我若和人吵架、争论、生气，就绕着房跑3圈，边跑边想，我的房子这么小，土地这么小，我哪有时间，哪有资格去跟人家生气，一想到这里，气就消了，于是就把所有时间用来努力工作。"孙子问到："阿公，你年纪老，又变成最富有的人，为什么还要绕着房子和土地跑？"爱地巴笑着说："我现在还是会生气，生气时绕着房地走3圈，边走边想，我的房子这么大，土地这么多，我又何必跟人计较？一想到这，气就消了。"

(2) 斗鸡的心理战术。

周宣王很喜欢观看斗鸡，他的门下有位专门驯养斗鸡的纪浪子。有一天，有人从外地送来一只很强壮的斗鸡给国王，周宣王很高兴地将它交给纪浪子。过了几天，周宣王便问道："几天前交给你的斗鸡，你将训练得怎么样了？可以上场比斗了吗"纪浪子说："还可以，因为这只鸡血气方刚，斗志昂扬，还不宜上场。"再过几天，急性的周宣王又问同样的问题，纪浪子回答说："还不能上场。因为这只鸡看到其他鸡的影子，就会冲动，所以还不能上场。"又过了几天，周宣王再问。这回，纪浪子便说："可以了！因为当它看到其他斗鸡，听到它们的声音时，一动不动，它的心已不受外物所动，就像木鸡一样，现在可以上场了！"

于是，周宣王便用这只鸡去参加斗鸡，它一上场就稳稳站立，毫无摆动，即使其他斗鸡在它身边百般挑衅，它也无动于衷，以眼睛注视对方，对方被吓得自然后退，没有一只鸡敢向它挑战。

启示：我们要以宽容的心去对待每个人，不要动不动就心浮气躁，以为别人都在与我们作对。例如，当别人对我们的建议或言论提出异议时，不要轻易动怒，应心平气和地聆听，有时则应大智若愚，发挥斗鸡的心理战术，以静制动，反而会取得意想不到的效果（摘自525心理网）

3 感情表达

感情表达，就是人通过面部表情、语言声调和身体姿态表现等方式向他人表达自己的情感特征与情绪变化。

感情表达，是准确而有效地向他人展示自己的价值关系，以便求得他人有效的合作。准确识别他人的情感表达可以及时、准确而有效地了解他人的价值关系，以便更好地与他人进行合作。

3.1 感恩父母，拥抱亲情

案例一：姗姗是一名中职学生。姗姗的爸爸是公务员，平时应酬比较多，工作繁忙，经常到外地出差。他对女儿的学习要求比较高，期望值很大，平时回到家就是塞给女儿很多零用钱，让女儿缺什么就开口。姗姗的妈妈是一位高中教师，她非常热爱自己的教学工作，对工作认真负责，对家里也是尽心尽力。平时对姗姗的饮食起居照顾得非常周到，对姗姗的学习监督得比较多。姗姗妈妈一直觉得自己是一个称职的母亲，无论是工作还是家庭，尤其是对孩子，更是照顾得无微不至。可是姗姗似乎并不认同妈妈的想法。她总是跟妈妈发脾气，遇到一点不满意的地方就闹情绪。姗姗妈妈表示女儿对自己态度越来越冷淡，平时那么辛苦地照顾她，可是她不但不懂得感恩，还有敌视的态度。姗姗的爸爸也表示自己好不容易休假想要带女儿出去散散心，可是孩子宁愿在家上网看偶像剧，也不愿意全家一起出去。自己每天辛辛苦苦的工作不都为了女儿，可是女儿连话都懒得跟自己说。对此，姗姗的父母感觉非常委屈，也特别寒心，同时也很困惑，不知道自己哪里做错了，更不明白女儿为什么会变得如此冷淡。

案例二：小刚，16 岁。父母离异后，小刚跟妈妈一起生活。最近半年来，小刚开始逃避上学，最后发展到干脆不去学校。每天在家里和电脑做伴。小刚妈妈发现儿子对游戏越来越上瘾的时候，开始着急和不安。

案例三：小强，15 岁。在小强成长的过程中，一直以母亲教育为主，父亲平时性格内向。当小强进入青春期后，父母发现孩子变了，追求物质上的享受，表现为喜欢穿名牌，用漂亮的手机，对饭菜的质量要求高等。此外，小强喜欢边写作业边玩手机，父母稍加管教便脾气暴发。随着课程难度的加大，小强不但无心投入到学习，反而在上课时注意力分散，不认真听讲，课后写作业会花很长时间，且作业质量很差，有时甚至因为闹情绪而写不完。父母每天看着小强的脸色生活。小强高兴了，全家人都高兴；小强生气了，全家人都惴惴不安。

心理导航

亲情，是一个古老而又现代的话题，但同时又是一个严肃而温馨的话题，更是一个与教育息息相关的话题。

“亲”是指亲近的、自然的、血缘的；“情”是指感情、心情、情义。

亲情是一个永恒的话题，它是人生中充满真挚的情感，既朴素又动人。不管你是富有的高官显贵，还是贫穷的百姓，我们每个人的一生都会伴随着亲情。这是我们的财富，足以让我们享用一生。亲情不仅在精神上感染我们，更在我们的学习工作中发挥着不可替代的作用。多少拥有亲情的人，沉浸在幸福的乐园里；多少失去亲情的人，苦苦寻觅着。“乌鸦反哺，羔羊跪乳”，连灵性不高的动物都存在亲情本能，这更鞭策着、激励着人们要珍惜亲情，回报亲情。尤其是青少年人群，在这一人生的特殊阶段，他们的心理和生理上都会发生变化，很容易受到外界因素的干扰，从而影响他们的价值观和人生观的形成。

对个人来说，良好的亲情观和良好的亲情氛围能够促进青少年性格的完善与发展；反之，不良的亲情观不利于青少年各方面的成长，甚至会使他们走向犯罪的道路。

3.1.1 亲情的概述

心理学上亲情价值观的界定涉及了诸多方面，如教育学、心理学等。亲情的概念分为狭义和广义两种。狭义的亲情是指具有血缘关系或婚姻关系或者赡养关系的亲属之间存在的感情。一般来说存在于父母与子女、兄弟姐妹及夫妻之间；对青少年来说亲情体现在血缘关系或赡养关系之间。它是伴随着与生俱来的血缘或后天形成的赡养关系而产生的。家庭生活也是依靠这亲情关系来维系，它将具有亲情关系的人融合在一起，形成一种具有共情心、同理心和责任心的关系，从而产生信任、依恋、尊重、牵挂、奉献、包容等感情及行为。

青少年的家庭义务感主要体现在三个方面：

（1）对家庭的付出。

青少年正处在和父母长辈生活在一起的时期，这时候，子女对家庭的付出体现在做一些力所能及的家务、日常照顾家庭成员等方面。

（2）对家庭成员的尊敬。

这一方面主要指子女对长辈的尊敬与尊重。在原则问题及重大事件上，需要征求长辈的意见及采纳他们的建议。当然，这一表达方式不限于在表面，更多的是通过间接的方式来表达，例如以优异的成绩、工作的成功或者朋友的认可来使长辈感到骄傲与自豪。

（3）对家庭的义务。

这一方面体现在青少年成年后。现阶段青少年对家庭的义务表现在对家庭活动做出力所能及的帮助，例如在家庭需要经济支持的时候，或者需要照顾年迈的父母长辈及对家庭的发展做出自己的贡献等。在国内，这种类型的宣传教育很多，这也是受到了我国传统礼仪的影响。而国外的家庭教育主要针对不同种族的青少年之间家庭义务感的差异及对青少年的发展影响等几方面来研究。

3.1.2 亲情的心理因素

亲情的第一个心理因素是共情心。这指具有亲情关系的双方在情感上的分享。它包含两层含义：第一层含义指一方将自身感情投射到对方的心理活动中，体会并感知对方情感；另一层指个体的内心活动跟随他人的引导而产生的和他人相同的心理。共情心要求双方无条件地理解并接受对方、包容与热爱对方，从而营造一个和谐的亲情关系。

亲情的第二个心理因素为同理心。这指通过站在对方的角度思考问题来理解对方心理发展的特征规律，深入了解对方后，充分理解对方的行为，并消除对对方的防御心理。

亲情的第三个心理因素为责任心。责任心是在共情心和同理心已经变成一种习惯和本能的时候自然产生的。甚至在对方的所作所为已经超出了自己能够理解与接受的范围时，责任意识依然可以抵制内心最原始的盲目与冲动，不会伤害到亲情。

亲情观与亲情价值观在一定程度上有着密切的联系。亲情观是指青少年对于父母、长辈、兄弟姐妹之间的关系的看法，它仅仅停留在认知的角度。而亲情价值观则是指青少年对于自己与双亲之间、长辈之间、兄弟姐妹之间的关系，要在认知活动、情感体验、行为倾向等方面赋值即抉择其个人意义或（和）社会意义的过程。经过一定的赋值过程后，亲情观会转变成亲情价值观。换句话说，亲情价值观更能够体现出一个人对于亲情的理解。

心灵鸡汤

一位母亲在楼房倒塌时用身体挡住了石块，救了还在襁褓中的婴儿，死前还完成了最后一次哺乳。抢救人员发现她的时候，她已经死了，是被垮塌下来的房子压死的。透过那一堆废墟的间隙可以看到她死亡的姿势：双膝跪着，整个上身向前匍匐着，双手扶着地支撑着身体，有些像古人行跪拜礼，只是身体被压得变形了，看上去有些诡异。救援人员从废墟的空隙伸手进去确认了她已经死亡，又冲着废墟喊了几声，用撬棍在砖头上敲了几下，里面没有任何回应。当人群走到下一个建筑物的时候，救援队长忽然往回跑，边跑边喊“快过来”。他又来到她的尸体前，费力地把手伸进女人的身子底下摸索，他摸了几下高声地喊：“有人，有个孩子，还活着！”经过一番努力，人们小心地把挡着她的废墟清理开。在她的身体下面躺着她的孩子，包在一个红色带黄花的小被子里，大概只有三四个月大。因为母亲身体庇护着，他毫发未伤。抱出来的时候，他还安静地睡着，他熟睡的脸让所有在场的人感到很温暖。随行的医生过来解开被子准备做些检查，发现有一部手机塞在被子里。医生下意识地看了下手机屏幕，发现屏幕上是一条已经写好的短信："亲爱的宝贝，如果你能活着，一定要记住我爱你。"看惯了生离死别的医生在这一刻落泪了。手机被传递着，每个看到短信的人都落泪了。

3.1.3 青少年的亲情现状与分析

当今社会需要的是创造型人才。创造型人才不仅需要丰富的知识、发达的智力，而且更需要鲜活的心灵、丰满的情感。只有这样才能使他在为人类进步做出贡献的同时，体验人类情感所附加的生命价值。亲情是人类与生俱来的最本性的自然感受，只有在亲情的基础上才能衍生出人类更多的情感。创造型人才的基本素质是心存亲情。但是，当代中职学生的亲情现状并不乐观，因此不管是学校还是家庭、教师还是家长，应该携手去创造一个完善的情感教育机制，把学生培养成为一个心存感恩、有情有义的人。

3.1.3.1 青少年的亲情现状

（1）青少年疏于与父母的沟通交流。

调查研究表明，很多青少年主动放弃了与父母沟通的机会。他们认为与其花费时间和精力与父母倾诉心中的苦闷与烦恼，不如利用这些时间上网与陌生人聊天、谈恋爱、玩网络游戏、朋友聚会等。甚至有很多中职学生，不愿意和父母生活在一起，青春期的叛逆心理，在这个时候体现得淋漓尽致。

（2）青少年对父母的生日漠不关心。

调查研究表明，仅有40%的青少年知道父母的生日，并能拿出不同的礼物表示祝贺。这种现象很常见，父母为孩子庆祝生日的比比皆是，而青少年忘记父母生日的却不在少数。他们对父母的关心远远不够，缺乏对父母的感恩意识，对"孝道"的贯彻还差很远。

（3）青少年情感和价值观严重错位。

调查研究表明，竟有20%的青少年为了成功、为了自我，选择轻视生命、冷漠亲情。当一个人只重视物质，以自我为中心时，亲情便成为了一种可有可无的情感。部分学生认为，父母挣钱很容易，并且作为独生子女，花父母的钱是理所应当，认为自己的利益高于一切，讲排场、攀比、打游戏、甚至做违法乱纪的事。他们不知感恩，对父母老师冷漠自私，对社会的帮助也不知回报。

3.1.3.2　造成青少年亲情问题的原因

（1）家庭教育中缺乏对孩子亲情感恩观念的培养。

当代青少年大部分是独生子女，他们从小就过着舒适安逸的家庭生活，不知道父母的辛苦。而父母也只重视如何为他们创造优越的物质条件，忽略了孩子精神层面的成长，忽略了如何用良好的家庭环境去造就他们美好的心灵。这也直接导致很多孩子养成了“人人为我、唯我独尊”的心理，从小只知道从父母、从家庭中索取爱，却不知道向父母、向家庭回报爱，亲情观念自然也就逐渐淡漠。

（2）学校未注重青少年亲情感恩教育。

目前学生教育还处在一个发展阶段，尤其是中职学校的教育模式仍旧是“重技术、轻德育”。虽然教育改革不断深入，但是整体的教育还是德育失衡。在学生的整个学校教育过程中亲情教育所占的比例很小，甚至缺失，使得孩子只知受恩不知报恩，对父母的辛勤付出毫不理会。青少年在接受现代科学知识的同时缺失了许多传统的美德，其中就包括对亲情的感恩。

（3）一些不良社会风气使得学生逐渐淡忘亲情观念。

当前社会上一些不良风气也影响了青少年。现在的青少年受社会不良风气影响，爱慕虚荣，盲目追求时髦、前卫的生活，达不到目的就埋怨自己出身不好，抱怨自己父母不能给足够的钱供自己消费，甚至鄙视父母不能事业有成，导致的直接后果是不愿意与父母交流。另外由于互联网的普及，许多学生沉迷于网络世界从而使他们把亲情给遗忘了。

3.1.4　加强当代青少年亲情教育的对策

（1）引导青少年树立正确的亲情观。

一个人的亲情观是世界观、价值观的外在体现，衡量一个人心理是否健康很重要的一点便是他能否正确对待亲情。我们应该在生活中，体谅关心自己的父母，理解并尊重他们的行为，并能够认识到亲情是世界上最无私的情感，它可以抛开一切世俗的因素而存在。我们应该感恩父母进而回报社会。

（2）建立学校与家庭的联动机制共同开展亲情教育。

学校是学生的第二个家。针对学生的亲情教育，可以采取多种校园教育活动。如以亲情为主题的家书征文大赛、朗诵比赛、小品大赛、亲情手机短信息编辑比赛等，使学生从中感悟到亲情的必要性与重要性。在此基础上，结合家长的沟通与交流，及时纠正子女的不正确的亲情观，对其好的做法给予肯定，使得子女能够体会理解父母的爱，愿意与家长沟通交流。学校与家长需定期交流，共同承担起对青少年亲情教育的任务。

（3）营造有利于亲情教育的良好社会环境。

学校应当为学生营造一个良好的亲情氛围，这是青少年亲情教育中必不可少的环节。同时还要通过互联网宣传家庭教育的重要性。借助广播、电视、报纸和杂志等媒体，及时报道和宣传模范人物、典型事迹，利用法律和道德对青少年进行双重的约束。唯有如此，才可以使青少年时常反省自身的行为，促进亲情教育的良好发展。

（4）德育教育渗透亲情教育。

中职学校已经逐渐意识到德育教育的重要性，而在德育教育中渗透亲情教育是非常必要的。德育的目标是促进学生的情感发展，苏霍姆林斯基有句教育名言："只有爱妈妈，才能爱祖国。"如果一个人不珍惜亲情，那必然不会热爱生活，不会热爱身边的人和事，更别说要求他们热爱家乡、热爱祖国。学校教育的任务是培养德才兼备的人才，但是"德"和"才"相比，"德"更加重要。寻找德育的根源，必须寻找学生情感的源泉，那就是亲情，所以学校开展亲情教育是建立德育教育体系的基石，是学生养成良好的思想品德和行为习惯的捷径。

3.1.5 正确处理在外求学和在家父母的关系

当下，中职新生报到过程中的随行家长已经成为学校十分头疼的问题，以至于有的学校想出了不少高招，例如设置警戒线、对独自报到的新生颁发奖金等。但无论如何，家长的随行和相送表现出家长对于外出求学子女的担心和牵挂。具体建议：

（1）感谢家长给我们创造的求学机会。

新生报到、安顿完毕以后，应当给父母写一封书信，要亲笔书写，让父母能看到自己的笔迹。不能图方便，仅打个电话、发个短信。亲笔写信一是为了告诉父母自己已经安顿好了，请放心；二是为了感恩父母，感谢父母给自己创造的求学机会。肯定地说，家长一旦看到这封书信，就会觉得孩子长大了、懂事了。这封信将成为父母永远的珍藏。

（2）经常给父母报个平安。

每周都要给家里打个电话，报个平安。如果自己的手机有了故障，或者外出到手机信号覆盖范围之外的地方，尽可能想办法提前告知家长。否则，千里之外的父母给孩子打电话而无人接听或者信号不通，会引起父母极大的不安。“儿行千里母担忧”，外出求学的年轻学子们一定要牢记这一点。在校学习期间要注意人身和财产安全。要自觉遵守学校的规章制度，在实习期间要自觉遵守各种安全操作规程。“安全第一，预防为主”，在外学子切不可麻痹大意。

（3）尊重父母的劳动成果，生活有计划。

俗话说“穷家富路”，家长总是给外出的子女创造最好的条件。家庭情况不同，有贫有富。但无论父母给的生活费是多是少，都不能胡乱开支，成为“月光族”。有的学生拿到家里给的生活费后，开支无度，不要说“月光族”，一个月的生活费用不到两个礼拜就花完了，又不敢跟家里说，只好四处借债。时间长了，引起周围人的不满，影响个人的良好声誉。因此，在外学子要学会计划生活，讲信用，养成良好的习惯。

（4）用良好的学习成绩回报父母。

每一名学子都承载着父母的期望，“望子成龙、望女成凤”的善良愿望，应该成为青年学子刻苦学习的原始动力。中职学校的教学模式与以往中小学有很大的不同，更多的是依靠个人的自觉和自律，个人拥有了更多的自由空间，要尽快实现角色转变，适应中职院校的教学模式，修身养性，增长才干，实现将来的“好就业、就好业、稳定就业”，用实际行动回报父母的无限关爱。

进入新环境，摆脱了以往中学“桎梏”的青年学子，在呼吸新鲜空气的同时，更要注意处理好各种人际关系，营造一种安心、舒适的学习环境和氛围，不断实现自己的人生理想。

拓展训练

（1）请快速回答下列问题。

走进父母的世界，你会发现他们的世界也精彩。

1）你知道父母的年龄、生日吗？

2）你知道他（她）爱吃什么菜、爱听什么歌、爱做什么事吗？

3）你了解他（她）的工作环境和工作压力吗？

4）你知道他（她）现在的心愿和梦想吗？你了解他（她）坎坷的经历、心酸的生活和丰富的情感吗？

（2）回忆你与父母之间的点点滴滴。

1）你做过哪些让他们伤心的事情？

2）现在你最想对他们说些什么？

3）十几年的养育之恩，你最想表达什么？

把它们都写下来，以书信的方式告诉父母，告诉他们“我爱你们”，不要不好意思，这是最令人感动的事！

（3）课外延伸。

1）为自己的父母洗一次脚。

2）大声地对他们说“我爱你”。

我的感悟

结合本节内容，谈一谈自己的感受。

____

____

____

____

名言警句

(1) 世界上有一种最美丽的声音，那便是母亲的呼唤。——但丁

(2) 父母者，人之本也。——司马迁《史记》

(3) 还有什么比父母心中蕴藏着的情感更为神圣的呢？父母的心，是最仁慈的法官，是最贴心的朋友，是爱的太阳，它的光焰照耀温暖着凝聚在我们心灵深处的意向！——马克思

3.2 树立正确的爱情观

心灵迷雾

案例：萌萌，一名聪明伶俐的女孩，上中职二年级。最近情绪一直很低落，容易哭泣，不去上学，整天憋在家里。学校要求她休学，家长很着急。萌萌性格较内向、敏感，学习成绩一般，喜欢独来独往，在学校里没有很要好的朋友。母亲曾患抑郁症，父亲及奶奶等家人对孩子采取极度严厉苛刻的教养态度和方式。萌萌的学习稍微下降或是犯了什么错，家里就绝对打压批判。孩子经常跟父母顶嘴，父亲气急了动手打女儿，父女关系非常紧张。有一段时间萌萌和班里一男生交往，但后来该男生提出分手。父亲得知后，骂自己女儿“不要脸，15 岁就搞对象！”萌萌感到“一个人好孤独，大家都不喜欢自己，觉得活着很没意思”。

看完这则案例，你有什么感受？你是否也有过这样的困惑呢？学习本章内容后，就可以为你拨开迷雾。

心理导航

爱情是人类永恒的主题，爱情的独特魅力令人向往。爱情，是人与人之间强

烈的依恋、亲近、向往以及无私专一并且无所不尽的情感，使人向往未来的生活。爱情问题一直是青少年最为敏感、最为关注的问题之一。

那么爱情到底是什么呢?

3.2.1 爱情的定义

爱情既是人类最复杂、最微妙的一种情感，又是一个古老而常新的课题。关于爱情的本质，有很多不同的解释。比较典型的观点可归纳如下：

在中世纪，神学家们将爱情归结于超个人情感的“爱神”，或是“宇宙灵魂”的表现。认为爱情是神的意志，是人类不能支配的超自然的力量。

在文艺复兴时期，欧洲的资产阶级思想家把爱情归结于人的自然属性。认为爱情是人类性生理和性心理发展的必然产物，是在繁衍后代的本能基础上产生的。例如：英国资产阶级哲学家休谟在其著作《人性论》中把爱情归纳为“美貌”、“性欲”、“好感”三个方面，第一次把爱情作为人类自身的生理和情感活动来看待。

在现代社会，对爱情比较全面的认识是：爱情既不是纯本能的情欲，又不是柏拉图式的纯精神恋爱，而是生物因素、精神因素和社会因素三者的统一。生物因素是指爱情产生于男女两性之间，异性相吸的生物本能使男女双方产生情欲，并有了互相结合的强烈愿望。精神因素是指爱情是一种美好的情感和高尚的情操，健康的爱情会愉悦身心，使人产生美好的精神体验。社会因素是指爱情是一种社会现象。这一方面是指人的恋爱观不是超历史的，而是受当时的社会经济制度、婚姻制度和伦理道德观念的影响，恋爱观打上了时代的烙印；另一方面，爱情还意味着责任，爱情往往发展为婚姻，组建家庭后的爱情还具有生儿育女、传宗接代的社会功能。

据此，爱情的定义可概括为：爱情就是一对男女，给予一定的客观条件和共同的人生理想，在各自内心形成的对另一个异性的最真挚的仰慕，并渴望对方成为自己终身伴侣的最强烈、最稳定、最专一的情感。

3.2.2 爱情的特征及恋爱心理的发展过程

3.2.2.1 爱情的特征

爱情是一种特殊的情感，具有不同于其他情感的特征。这表现在：

（1）相互吸引。

甜蜜的爱情往往是从男女双方的相互吸引开始的，男女双方的独特魅力是产生爱情的基础，这种吸引可来自仪表、形象的与众不同。“一见钟情”就是男女双方因为魅力相互吸引而产生爱情的典型表现。相互吸引使双方期盼的爱情有了良好的开端，但仅仅依靠这种相互吸引是不能建立稳固而持久的恋爱关系的。

（2）相互依恋。

男女双方产生爱情以后，就会产生强烈的依恋心理，双方渴望和对方长相守，甚至一刻也不愿分离。这种情感的依恋基于男女双方生理和心理的需要。每个人都有给予他人爱和从他人那里获得爱的需要，这一点在男女恋人身上表现尤为突出。

（3）相互忠诚。

爱情是自私的和排他的，忠贞性是爱情的重要特征。真正的爱情是建立在对自己的恋人忠贞不渝的基础之上的。每一对恋人都应珍惜这份情感，不允许第三者的介入和插足，这是每一个涉足爱河的青年男女特别要坚持和恪守的。

3.2.2.2　恋爱心理的发展过程

恋爱心理的发展经历了一个循序渐进、由量变到质变的过程。这个过程大体可分为疏远异性期、接近异性期、交往友谊期和恋爱期四个阶段。

（1）疏远异性期。

这个阶段一般发生在青春期，即从12岁至15岁阶段。这个时期的男女学生由于生理发育的急剧变化，引起了心理的不安和害羞，对性别角色很敏感，在心理行为上出现了隔阂，表现为在异性面前的冷漠与回避。课桌中间的一道“男女分界线”，是这一阶段异性同学关系的典型表现。但是随着社会的发展和人们观念的日趋开放，这些表现已不明显。

（2）接近异性期。

这个阶段相当于16岁至17岁阶段。在这一阶段，随着年龄的增长、性意识的发展，少男少女们情窦初开，异性之间的距离逐渐缩小，产生了彼此接近的情感需要。但是，这种接近多是内隐的和含蓄的，如希望在一起做游戏、写作业及开展活动等。

（3）交往友谊期。

这个阶段相当于18岁至19岁阶段。这一时期的青年男女有了较多的全体接触和活动，和异性相处感到愉快。在与异性群体的接触和活动中，一些人开始有选择地寓意性交往。在沟通的过程中，通过对话和接触，逐渐了解对方的性格、智力等。如果双方互有好感并互相信任，真挚的友谊就会产生。交往友谊期是爱情萌发的前期，有些学生在这时有了初恋。

（4）恋爱期。

这个阶段相当于20岁至23岁阶段。在这一时期，随着年龄的增长，学生的生理发育基本完成，心理的成熟达到一定的水平，同时其准社会角色也获得了社会的认同。

3.2.3 青少年恋爱的现状与存在问题

调查发现青少年择偶观中排在前十位的考虑因素是：性格（87.3%）、品质（87.1%）、健康（80.0%）、能力（65.5%）、兴趣（60.1%）、才华（58.9%）、相貌（57.9%）、聪明（52.6%）、学历（52.1%）、谈吐（45.2%）等。由此可见当代学生的择偶观总体上是健康积极和理智的，但与成年人相比仍显得有些理想化和书生气。

3.2.3.1 青少年恋爱的现状

现在，青少年谈恋爱的现象在校园里并不少见，发展趋势有增无减。这种现状主要表现为：

（1）人数上升且呈现低龄化趋势。

以前，大学阶段学生谈恋爱的人较多。而现在，这种现象已经进入了高中、中职的校园中。而且谈恋爱的人数越来越多，许多学生刚刚入学就开始了恋爱。

（2）公开化现象严重。

以前大部分学生的恋爱都采取比较隐蔽的方式，不敢或者不想让老师和同学知道他们的恋情，不在公开场合以恋人关系露面。而现在有部分学生不在乎别人的目光、评价和感受，恋人们在大庭广众面前成双成对的现象越来越多。

（3）摆脱实际，关注浪漫。

许多学生在决定恋爱的时候，并没有思考过实际问题，而是将互相愉悦等精神因素作为谈恋爱的出发点。他们重在感觉与过程，把恋爱成功与否放在其次，很少考虑家庭的、经济的、物质的东西，很少考虑未来。

（4）独立性较强，不考虑旁人建议。

现在的青少年个性鲜明，自主性和独立性较之以往有了很大的发展。在选择恋爱对象时，他们往往以自己的感觉和认识为准则，较少考虑或者几乎不考虑家长和亲友的意见。

3.2.3.2 中职生恋爱的阶段

中职生恋爱心理不是一成不变的，而是有一个发展的过程。其过程大致可分为萌芽期、发展期、稳定期三个阶段：

（1）萌芽期：一般为一年级。

（2）发展时期：一般为二、三年级。

据调查统计，二、三年级学生恋爱人数占整个学生谈恋爱人数的60%～70%。其类型大致有如下几种：同乡恋爱、团队恋爱、干部恋爱。

（3）稳定期：一般为毕业班时期。

临近毕业后，学生变得更加成熟老练了，看问题也更加现实了，对爱情的思考趋于冷静理智，恋爱呈现较稳定的态势。

3.2.3.3 青少年恋爱中常见的问题与误区

一些盲目涉入爱河的青少年存在着下述误区：

（1）表达方式不注意公众场合。

在现在的校园中，很多学生公开地牵手搭背，在食堂里互相喂饭，甚至当众亲吻。这些恋爱中的学生全然不顾旁人的非议和劝阻，我行我素。

爱情的表达方式反映了一个人的人文修养和道德水准，即便同是情感表达，也有高雅和粗俗之分。在情感的表达上，应遵从中华民族深沉含蓄的美德，要注意身份、场合和分寸。

（2）过度沉溺导致荒废学业。

一些青少年感情用事，一头扎进爱河里，把谈恋爱放在了高于一切的位置，爱情似乎成为了他们生活中的头等大事。他们缠绵于二人世界，上课不能集中精力听讲，下课没有心思写作业和读书，集体活动不愿参加，把大量时间用在了写情书、与恋人谈心娱乐上。闭塞狭小的生活空间使他们疏远了和其他同学的关系，忽视了友谊，失去了许多成长和进步的机会，致使学习成绩下降，考试亮起了红灯。有的人甚至因此而被迫退学，为“爱情”付出了沉重的代价，造成了终身的遗憾。

（3）不计后果酿成大祸。

许多恋爱的学生觉得自己已经长大，谈恋爱是一件再正常不过的事情，所以一旦受到外界的干预就会显得十分反感。甚至个别学生公开声明要捍卫自己的自由。他们只是从自身的角度考虑，并没有从社会性、法律性、道德规范等方面来考虑。许多中职生成绩下滑、打架斗殴、离家出走，甚至道德败坏、性犯罪、自残自杀都与他们恋爱现象有直接或间接的联系。

3.2.4 中职女生的爱情观

3.2.4.1 中职女生不成熟的恋爱心理的表现

如今，随着人们的社会观念和生活方式的改变，恋爱问题已经影响到中职生的学习、生活、人生态度、理想等方面。但是，中职女生的心理与生理并没有完全成熟，心理波动大，易冲动。加上缺乏社会阅历，在人际关系复杂的社会环境中，如果没有正确的引导，她们很容易走上歧途，甚至犯罪。在中职女生的犯罪统计中，这类犯罪占有相当大的比例。

（1）恋爱受挫能力差。

中职女生陷入恋爱之中，会表现出缺乏理智、对恋爱对象过分依赖等问题。她们不善于控制自己的情感，一旦出现问题就会痛苦万分，情绪失控，无法自拔。如女生王某因与男友黄某发生矛盾，认为以后两人不可能生活在一起，遂产生先毒死男友，然后自杀的念头，并付诸行动，走向了犯罪的深渊。

（2）缺乏自我保护意识。

中职阶段，女生的心理与生理逐渐走向成熟，憧憬着未来的恋爱生活，开始对性充满好奇和渴望。部分女生轻率偷尝禁果，结果付出了身心、健康、学业、名誉的惨重代价。

(3) 恋爱交友不当，导致犯罪。

中职女生幻想中的爱情不掺杂任何杂质，信奉爱情至上，当遇到了所谓的真爱，便会不顾一切，陷入感情的深渊之中，不顾道德与法律的约束。但是，现实生活并没有想象中那么简单，而很多心术不正的骗子恰恰利用女生这一弱点，屡骗得手。当现实击碎了幻想，很多心灵脆弱的女生就很容易走向极端，并最终走上了违法犯罪的道路。如某中职女生被爱情骗子抛弃之后，痛不欲生，举起了手中的刀，成了杀人犯。又如，北京某职校女生因爱上黑道“老大”，无法回头，而走上了不归路。

(4) 恋爱动机不正确。

有的女生因为离开家乡求学，内心感到空虚寂寞，需要找到一个依靠和陪伴；有的是为了能够钓到“金龟婿”，不需要自己的努力也可以享受富足的生活；有的为了和朋友炫耀、攀比……这体现了现代女学生的从众心理。更有极少数中职女生同时和几位异性朋友在交往、周旋，对待感情极其不负责任、不认真。

(5) 择偶标准功利化。

市场经济在使社会日益进步、人们生活水平日益提高的同时，也在一定程度上给人们带来了负面影响。特别是对思想尚未完全成熟的中职女生来说，市场经济中的不良现象影响她们确立正确的世界观、价值观和人生观。损人利己、唯利是图、享乐主义等消极思想导致部分女生未形成正确的恋爱观。为了追求享乐，有些女生不惜出卖自己的爱情，出卖自己的身体。

3.2.4.2 造成中职女生恋爱观不正确的原因

(1) 不良社会风气影响。

在当今社会，各种文化不停冲击着我们的心灵，中职学生辨别能力还比较薄弱，一旦接触到不良的新鲜事物，很容易走上歧途。

(2) 缺乏学校教育的正确引导。

我国的传统思想相对比较保守，我们羞于在公众面前谈情说性，不管是在家庭的成长过程中还是在学校的学习生活中，都没有在正确的成长时期接受爱情观的教育。因此导致中职女生受到错误的思想影响，形成了错误的爱情观。

3.2.5 造成青少年不良恋爱观的原因

（1）家庭与学校的教育。

一方面，教学内容不能与时俱进。政治理论课教学长期都是以一种版本的教材为蓝本，按大纲进行教学，教学内容跟不上形势的发展变化和要求。另一方面，教学主要采取传统的“说教模式”，教学观点陈旧，教育方法单一，理论满堂灌，缺乏创意，没有实践环节，不能很好地把握当前中职学生的心理特点和学习特点。

（2）独生子女的孤傲、任性性格决定的。

改革开放以来，中国家庭逐渐走向了独生子女的模式。由于家中只有一个孩子，父母便会在孩子身上倾注所有的爱。不管是富裕的家庭还是拮据的家庭，父母永远将好的留给孩子，尽量满足孩子在物质上的一切需求。但是，他们忘记了对孩子精神上的教育。孩子形成了以自我为中心的性格，凡事都要求是最好的，任性、自私，不懂得宽容与理解。这一问题更是延伸到了情感上，他们表现出来的是从小到大养成的“脾气”，在思想上只要求对方付出，只求索取，不懂得奉献。有时因为一句话不满意而大打出手，很多情侣因此选择分手。这种情况体现出了当代中职生的恋爱观存在着幻想性、排他性、冲动性、波动性等问题。更加严重的是，当她们遇到了类似问题时，不愿意求助于家长，也不愿与家长进行沟通。但是，恋爱是个很严肃的问题，家长的意见和态度往往会影响孩子的恋爱观。换句话说，孩子的恋爱观是需要家长的引导而树立起来的。

（3）外界社会的不断影响。

1）网络因素的影响。随着互联网不断普及，中职生利用网络学习和娱乐的机会增多，网络信息的迅速传播不断影响着学生的思想观念和行为方式。当然，网络上的内容大部分是健康和积极的，有的极具教育意义。但网络又是一把双刃剑，我们不得不承认，网络中色情、暴力和消极颓废的内容对学生道德观念产生巨大的冲击和极其恶劣的影响。这些低俗的内容不断侵蚀着性心理和性生理还不成熟且辨别是非能力薄弱的中职学生，使他们深陷其中无法自拔，更使他们的心里形成了对两性关系，甚至对婚姻的不正确的价值观念，进而影响整个人生轨迹。

2）环境因素的影响。在中职学生初入校园时，憧憬着未来，但是也在潜移默化中受到身边的环境影响。如果室友陆续得到了属于他们的爱情，而自己在大部分时间总是一个人吃饭、自习，这时候思想难免产生变化。有甚者会无法承受关于爱情的冷嘲热讽，急于寻找伴侣来改变单身的现状，这就是典型的病急乱投医，结果可想而知。最终也许受到身体和心灵的双重打击，造成无法挽回的错误。

3）社会不良风气因素的影响。随着中职学校的扩招，激烈的竞争直接反映在就业的困难上。而追名逐利的社会风气也渗透进入了校园。部分中职生很现实，也很功利。以恋爱为改变命运的机遇，将自己所谓后半生的幸福寄托于爱人身上，这种“拜金主义”的恋爱观在中职生中已经不是罕见现象。中职学生受西方思想影响，认为“性”是“恋爱”的基本保证。有的女孩为了留住即将消逝的爱情，妄图用贞操留住爱人的心。这是不理智的行为，没人会被感动，这种行为只能让自己悔恨，让家人担心。享乐主义也让个别的女同学用所谓的爱情去交换自己需要的物质。这也是错误的恋爱观。

3.2.6 预防中职生因“爱”犯罪

目前，青少年犯罪率呈逐年上升态势，引起社会的广泛关注，而因恋爱产生的违法犯罪行为占有相当大的比例，主要有以下几种：强奸罪、侮辱罪、杀人罪、敲诈勒索罪等。我们可以从心理学的角度来分析其犯罪的成因和相关的对策。

中学生恋爱在当今校园已经是普遍现象，尤其在中职学校，由于学业压力比高中小，加之大部分的中职学校为寄宿形式，远离父母家人的照顾，从心理上也希望找一个伴侣能够相互倾诉、相互照顾，这也成为中职学生恋爱的重要原因。但毕竟青少年的人生经验和阅历还不足以驾驭成人的感情，在“爱情”中很容易失控，导致无法挽回的后果。青少年对恋爱的认识十分片面，若在恋爱中遇到挫折，容易形成畸形的恋爱心理。同时青少年由于性懵懂而导致校园内偷尝禁果的事件时有发生，更有人因此而走上了违法犯罪的道路。

当前，虽然没有对中职学生因恋爱而产生犯罪的比例情况进行深入的统计分析，但是不管怎样，我们都不愿看到青少年因年轻和不成熟，将美好的爱情变成犯罪的导火索。归纳起来，中职学生因恋爱而犯罪有以下几种类型。

（1）强奸罪。

中职学生中，个别学生沾染社会不良习气，在求爱不成的前提下，便有可能违背女性的意愿，以胁迫或者其他手段进行性骚扰或者施暴，虽然他曾经或现在也在“爱”着对方。但是他主观地侵犯女性不可侵犯的权利，表现为以暴力、胁迫或者其他手段。例如有一件曾经在网络引起轰动的事件：2004 年 5 月 13 日下午，中职二年级的五名男生和一名刚辍学的初中生，在该校两名一年级女生协助下，将一垂慕已久的女生骗至旅馆，施以轮奸。五名参与作案的男生已于 2004 年 5 月 21 日被警方刑拘，辍学初中生在逃，两女生因未满 13 周岁，免予刑事处罚。这类事件不禁令人唏嘘。

（2）故意伤害罪。

在恋爱中一方的占有欲无法得到满足时，可能会实施过激的报复行为。这种行为往往导致犯罪并会给对方造成生理上或者心理上的伤害。行为人应受到刑罚处罚。其中有关青少年的刑罚是：已满 14 周岁未满 16 周岁的自然人有故意伤害致人重伤或死亡行为的，应当负刑事责任。最骇人听闻的案例：2011 年 9 月 17 日下午，犯罪人因追求受害人周某不成，来到周家，用打火机油将被害人周某点燃，并在一旁叫嚣“去死吧”，直接导致周某烧伤严重。经 7 天 7 夜的抢救治疗被害人周某才脱离生命危险，但伤势极为严重，其头面部、颈部、胸部等严重烧伤，一只耳朵也烧掉了，烧伤面积超过 30%，烧伤深度达二度、三度，整个人面目全非。一个花季少女的一生就这样被终结了，原本爱笑充满自信的女孩也终日以泪洗面。

（3）敲诈勒索罪。

事实表明，恋爱失败往往导致中职学生心理变异，发生违法犯罪的行为。例如，2003 年 1 月，学生李某被检察机关以敲诈勒索罪提起公诉。李某为了快速挣大钱，摆脱贫困，她当了一名“大款”的“二奶”。为了迅速侵占“大款”的钱财，李某开始买通他人合伙对“大款”进行敲诈勒索，忍无可忍的“大款”终于走进公安局报了案。

中职学生因恋爱而违法犯罪的，还有犯盗窃罪、抢劫罪、聚众斗殴等等。不仅侵犯了被害人的财产权利，而且造成被害人人身和心理的伤害，严重侵犯了被害人人身权利。

3.2.7 正确引导青少年的恋爱观

（1）正确抵制不良诱惑，做有道德青少年。

中职学生正处在人生的花季，充满好奇，缺乏自制力，面对现实中的种种不良诱惑，往往不知所措，稍不注意，容易偏离正常的人生轨道，造成遗憾。所以，我们很有必要学会正确分析自己所面临的诱惑，学会辨别、抵制黄色低级庸俗的书刊、电影、录像的引诱，正确处理理智与躁动、友情与爱情、美与丑、荣誉与耻辱的关系。把握好自己，培养自尊、自爱和尊重他人的优秀品质，特别是尊重女性的高尚品德，把爱扩大到敬爱师长、关爱同学、热爱祖国、热爱科学、热爱事业等范围，以利于我们顺利度过“暴风骤雨”般的青少年时期。

（2）打消好奇心理，正面做出引导。

中职学生正值青春期，这是一个动荡的心理矛盾激化的时期，对外界刺激比较敏感。由于自身体内激素刺激原始态大脑，青少年对自己以及异性产生难以舍去的兴趣。这是最自然的现象。针对目前我国青少年性发育提前，开展青春期心理教育活动，宜早不宜迟。一般应在中职一年级阶段就举办系列知识讲座。学生通过学习身体各器官的构造和生理功能，了解到这种生理发育是非常正常的规律现象，从而消除对性的神秘感和好奇心理。学生只有加强自我教育与自我约束，强化自我意识，提高自我控制能力，才能破除神秘。

（3）拥有健康的人际交往关系。

在与异性交往的过程中，言语、表情、行为举止、情感流露及所思所想要做到自然、顺畅，既不过分夸张，也不闪烁其词；既不盲目冲动，也不矫揉造作。异性交往的程度和方式要恰到好处，应为大多数人所接受。既不为异性交往过早地萌动情爱，又不因回避或拒绝异性而对交往双方造成心灵伤害。

逐步认识两性关系的严肃性和社会责任感。明白作为一名女孩子，她的爱将意味着将来要做一位好妻子、好母亲；一名男孩子的爱将意味着要做一个好丈夫、好父亲，并担当起家庭和社会应尽的义务和责任。

（4）树立正确的爱情观，不要沉迷其中。

青少年恋爱带来的危害并不是说在男女生之间产生感情是一种过错，而是由于处在这一年龄阶段的学生自控能力较差，一旦陷入其中，很容易荒废学业、消沉情绪，产生过重的心理压力，这对于他们的成长是十分不利的。老师和家长要尊重学生人格，不能把青少年恋爱视为作风不正派、道德品质不良，否则会使学生感到非常压抑和苦闷，走向极端。

爱情就像一棵树，在成长的过程中，需要浇水、施肥、修剪、除虫，需要经历长时间的生长才能成熟。只有身心成熟的人才可能拥有成熟的爱情，但是中职生正处在一个不稳定、波动较大、心理还比较幼稚的阶段，无论从年龄、阅历、知识、成熟性方面，还是人生的精神和物质准备方面，都还不具备爱情所需要投入的资本。

中职生如果将大量的精力和时间花费在恋爱、约会上，会直接导致学习成绩的下滑，影响身心的健康，甚至会做出触犯法律的事情。所以，中职生要树立正确的恋爱观，要在社会、学校、家庭、教师、学生共同努力下，健康平稳地度过躁动的青春期。

拓展训练

（1）脑力激荡辩论会：青少年是否已具备恋爱的资格？

目的：探讨爱的真谛，引导学生树立正确爱情观。

时间：30 分钟。

要求：提前布置辩论题目，课前做好准备。

（2）情景模拟：对谁有好感？

一艘船遇上了暴风雨，沉了。船上有五个人幸运地分别上了两艘救生艇。一艘艇上有水手、姑娘和老人；另一艘上有姑娘的未婚夫和他的亲戚。两艘艇分别去了两个荒岛。

姑娘在岛上惦记着她的未婚夫，千方百计地想找到他，但一点线索都没有。有一天，她发现大海中有另一个小岛，于是请求水手把救生艇修理一下，带她去那个岛找她的未婚夫。水手答应了姑娘的请求，但是提出了一个条件，就是姑娘必须和水手睡一夜。陷入两难的姑娘不知道如何是好，于是去请求老人给他一些建议。了解了姑娘的情况后老人对姑娘说："其实对于你来说，怎么做正确，怎么做错误我实在不能说些什么。你扪心自问，按你的意愿去做吧。"姑娘万般无奈，但又寻夫心切，于是答应了水手的要求。

第二天水手也履行了承诺，把艇修理好，带姑娘去了另一个岛找她的未婚夫。远远的，她就看到了岛上未婚夫的身影。不顾艇未靠岸，姑娘就冲了过去，拼命往岛上跑，一把抱住他的未婚夫。在未婚夫温暖的怀抱中，姑娘犹豫，是否该向他坦白昨晚自己和水手的事。思前想后，她最后还是告诉了未婚夫。未婚夫听后勃然大怒，一把推开了她，并吼她说："我再也不想见到你了。"然后就跑走了。姑娘伤心地在海边走，见到了她未婚夫的亲戚。亲戚安慰姑娘说："我看到你们俩吵架了，有机会我会帮你在他面前说说的，在这之前，让我来照顾你吧。"但姑娘的未婚夫始终没原谅她，最后姑娘也为报答未婚夫的亲戚的悉心照顾而和他结婚了。

目的：澄清个人价值观。

时间：30 分钟。

要求：分小组讨论，每个同学都要表明自己的价值观。

好感顺序	出场人物	理由
______	水　手	______
______	姑　娘	______
______	老　人	______
______	未婚夫	______
______	亲　戚	______

我的感悟

结合本节内容，谈谈自己的感想。

____

____

____

3.3 友情是人生的财富

心灵迷雾

故事一：伯牙绝弦是一个友谊的象征。伯牙绝弦是讲述知音难求的一个故事，俞伯牙与钟子期是一对千古传诵的至交典范。俞伯牙善于演奏，钟子期善于欣赏。这就是“知音”一词的由来。后钟子期因病亡故。俞伯牙悲痛万分，认为知音已死，天下再不会有人像钟子期一样能体会他演奏的意境，所以，终生不再弹琴了。

故事二：有一段时期，恩格斯生病，马克思时时挂在心上，他在给恩格斯的信中说：“我关切你的身体健康，如同自己患病一样，也许还要厉害些。”

恩格斯为了“保存最优秀的思想家”，在经济上资助贫困的马克思，使其能专心致力于革命理论的研究，他违背自己本来的意愿，到父亲经营的公司中去从事那“鬼商业”的工作。

当《资本论》第一卷付印的时候，马克思给恩格斯写信说：“其所以能够如此，我只有感谢你！没有你为我的牺牲，我是绝不可能完成三卷书的巨大工作的。我满怀感激地拥抱你。”

恩格斯尽管做出了巨大牺牲，但他始终认为，能够同马克思并肩战斗 40 年，是一生中最大的幸福。马克思与恩格斯之间的这种崇高的革命友谊，正如列宁所赞扬的，它“超过了古人关于友谊的一切最动人的传说”。

心理导航

友情是指经过时间长期积累，产生于无血缘关系的人之间的情谊，拥有这种情谊的人一般互称为“朋友”，男性之间可称为“兄弟”，女性之间可称为“闺蜜”。友情，拥有无可比拟的魔力，可以让人脱离苦海，释放心中烦恼，重新认识生活、定义人生、追寻梦想。友情的美好，只有拥有真正的朋友才能体会得到。它的属性如亲情、爱情，是不可捉摸、无法定义的抽象的东西，但在某种程度上却更加弥足珍贵。

3.3.1 友情的阐释

友情是特殊的情感，产生于陌生人之间的长久交往，但却和人与人交往中一般的好感又有本质的区别。友情强调的是交互式的情谊，即交往双方共同的感情认知。因此，包括好感在内的任何单方面的情感，不能称之为友情。友情的核心是亲密性，因此亲密性也就成为衡量友情程度的重要标准。

罗杰斯（Rogers，1985）从三点定义了亲密性：

（1）能够与朋友分享心中的秘密，做到敞开心扉；

（2）充分的信任朋友，确信对方对自己是真诚的；

（3）限于少数知己或者密友之间存在的心有灵犀。

3.3.2 青少年友情观的现状

青少年的成长过程中，朋友有着举足轻重的地位，无论是同性还是异性，都是不可缺少的。青少年的友情通常是在学习、生活与日常生活中建立起来的。

（1）同性友情观。

无论是谁，在自己的班级中都会拥有一个或多个同性的知心朋友。同性朋友是每个人都不能缺少的，可同性朋友的友情表现和侧重点却有着性别的差异。男生的友情表现更加偏重兴趣爱好的一致，女生的友情表现倾向于情感和心理的依恋。女生相较于男生在情感上更加细腻，所以亲和度的需求要更多一些。如果我们仔细观察，不难发现女生结伴而行的情况比男生要多。当友情变质的时候，女生的表现要更强烈，更容易陷入悲伤。综上所述，女生比男生更容易将情绪、情感因素融入友情观。

（2）异性友情观。

对处于懵懂期的青少年，异性友情充满了吸引力，可也容易因为把握不好“度”而出问题。大部分中职生对异性友情的需求十分强烈，而异性友情对于青少年自尊心的影响也是深远的。向同性表达做朋友的意愿时，如若被拒绝，也许只会感到尴尬。但是同样的情况，若发生在向异性表达友情时，往往会觉得羞愧甚至产生自卑感觉。由于青少年对异性的渴求和对爱情的渴望，异性友情常与爱情界线不明。中职生由于还不成熟，分不清自己的情感到底是友情还是爱情。因此，异性友情比同性友情更加容易使人深陷烦恼。

青少年学生的友情观见表3-1。

表3-1　青少年学生的友情观

人数比例名次（由高到低）	当代青少年友情观
1	互相信任与忠诚观
2	彼此理解尊重与欣赏观
3	相互关心与帮助观
4	重情轻利观
5	情感分享观
6	性格与志趣相似观
7	功利观

青少年学生朋友选择影响因素见表3-2。

表3-2　青少年学生朋友选择影响因素

重要性名次（从高到低）	影 响 因 素
1	相互尊重、理解和信任
2	为人处世方面行为特点
3	情绪与情感
4	帮助与支持
5	性　格
6	认知特点
7	态度和观念
8	娱乐兴趣与爱好
9	学　习

拥有不同友情观的青少年不约而同地选择了“相互尊重、理解和信任”、

“情绪与情感”、“为人处世的行为特点”、“帮助与支持”以及“性格”作为自己的择友的最重要的五大因素。其中“相互尊重、理解和信任”被认为是最具决定性的重要因素。拥有迥异友情观的青少年在朋友数量上的认知存在明显的差别，有“功利友情观”的青少年的朋友数量明显比拥有其他友情观的青少年少。拥有迥异友情观的青少年的友情的质量也存在显著的不同，表现在对朋友的支持、化解朋友冲突、朋友间亲密度三个方面。总体分析，青少年择友影响因素在年龄和性别上有显著主效。除此之外，“帮助与支持”、“学习”、“时空相似性”的择友影响因素也在年龄和性别上有交互的作用。

3.3.3 青少年友情观成因分析

（1）家庭教育的影响。

目前的情况是，我国的青少年大部分是独生子女，从小备受家人的宠爱和注目，可谓众星捧月。他们生活环境优越，自主能力不强，依赖父母，慢慢形成一种以自我为中心的思考方式和处世态度，在和朋友的相处中不会设身处地地为他人考虑，容易忽视他人情绪和感受。这种自我为重的友情观会让自己被人疏远和孤立，甚至被冷漠对待，对于个人的成长是极为不利的。

（2）学校教育的影响。

我国虽然推行教育体制改革，大力倡导素质教育，但仍没有真正普及素质教育。学生课业负担繁重，导致了他们把生活的中心放在学习上，交友的范围也仅仅是周围的同学。初入学的青少年，习惯于和同班同学或者是朝夕相处的室友交朋友，而以畏惧和抵触的心态面对年级、学校、学生社团中建立的友情关系。由于自身的不成熟，加之缺乏相关的知识作为引导，中职学生很容易将异性友情交往与爱情混为一谈，这致使很多学生深陷在困惑与烦恼中。

（3）新兴网络的影响。

随着互联网的快速发展，微博、微信等新兴的网络社交开始广泛流行。而这些新兴交往方式容易被青少年接受并渗入到他们的生活中。虽然大多数青少年只是为了填补空虚在网上交朋友，但不能否定的是，网络交友也形成其特殊的交友观补充到传统的交友观中。这一点对性格内向、不善于沟通的学生特别明显。

（4）地缘因素的影响。

地缘人际关系指基于地理环境和地域文化的影响，在此基础上的人际交往关系。当代青少年很多都是在外地求学，情感上更容易和老乡或者拥有共同地域风俗的同学交友。

3.3.4 青少年友情观的特点

（1）交友愿望强烈。

调查显示：90%以上的青少年希望自己有良好的友情关系。一方面随着自我意识的不断增强，青少年对了解社会的他人有着非常强烈和迫切的愿望。但是另一方面，又不是所有的青少年都能实现自己的愿望，这种愿望与实际的差距，往往使中职生陷入深深的痛苦之中，刚入学的新生对于这种情况更是有深刻的体会。

（2）目的多样性。

在调查中发现，青少年对于不同的朋友也有不同的交往目的。同性朋友之间，目的往往是相互学习和共同完善进步；异性朋友相比则负责得多，有自我完善的，有无私相助的，还有互帮互助的。同性朋友之间的交往在性别上也有差别，男生的娱乐目的强，而女生互利互助的目的强。此外，在朋友交往中，功利性交往目的随着年龄的增大而加强。

（3）纯洁、真诚，具有浓厚的理想色彩。

青少年正处于学习知识的黄金时期，思想纯洁无瑕，憧憬未来的生活，并对人生有着美好的愿景。这种特质表现在与人交往中，就是对高雅和真诚的推崇，对庸俗和虚伪的鄙视。学校的生活为学生追求理想友情关系创造了条件，但实际上，朋友间的关系并不能使人满意，大部分学生向往互相帮助、真诚相待，但理想与现实是有差距的，这种强烈的反差折射出青少年交友中的理想化倾向。

（4）注重平等、民主交友观。

青少年随着独立意识不断增强，对父母的依赖性相应减小，心理上进入一个过渡时期。在与人交往中，依靠感觉和喜好习惯结交朋友，注重情感交流，追求一种和谐的友情关系，平等相处，敞开心扉。青少年这种平等、民主的交友观念，使交际的方式由单向“辐射”转变为双向的“交流”。

3.3.5 树立健康友情观的方法

（1）要以诚待人。

“真诚”是人际交往根源。真诚的交往使友情关系更加牢固和长久，也会使自己感受到来自朋友的关怀，能让自己更好地与人相处，减少很多不必要的争端和烦恼。

（2）要平等待人。

在人际交往中，最忌讳的是盛气凌人，在友人面前不可一世。友情是人与人之间互相倾注努力而得来的，双方的人格是平等的。只有平等待人，才能赢得尊重，才能体会真正的友情。

（3）要学会尊重。

虽然人人都有自己的独特人生阅历，有独立的思想和思维方式，但都希望在交往中得到别人的尊重。朋友之间尤其需要彼此的尊重，这种尊重表现在尊重朋友的人格和言行，侮辱友人的话不说，损害友情的事不做。

（4）要宽以待人，虚心听取意见。

朋友之间难免会因为意见的不同而产生争执和矛盾。这时候，就要理解宽容对方。对朋友的过失，应本着谅解的态度，要耐心帮助，不能斤斤计较；对不同的意见，虚心听取并真诚交换意见。要学会站在他人的立场考虑问题，宽以待人。

（5）要言而有信。

一言九鼎是交往中的基本素质。说话要掷地有声，更要言而有信，这样才能在友人中赢得口碑，赢得更加真挚的友情。否则，会众叛亲离，被人所孤立和耻笑。

（6）要乐于助人。

作为朋友，重要的是雪中送炭而非锦上添花。当朋友陷入困境的时候，我们应该伸出援助之手，竭尽全力去帮助朋友。不能犹豫不决，更不能袖手旁观。“赠人玫瑰，手有余香”，在与朋友的交往中，善待他人就是善待自己。

心灵鸡汤

梦回童年，
友情依见，
与你在一起的时光，
是我一生的印记。
欢乐、勇气、力量，
都是你的给予。
生于情、死于谊，
或许才是人生的真谛。
昔荀巨伯舍命全交为知己，
今何不讴歌友谊？

——《友谊之歌》摘自散文网

拓展训练

（1）回答：遇到下列情况时，你会怎样做？

当同学、朋友生病不能到校上课时：

____。

当同学、朋友遇到烦恼时：

____。

当同学、朋友生活有困难时：

____。

当同学、朋友学习遇到疑难时：

____。

交流：由此你明白什么道理？

（2）利用课下时间给你最好的朋友写封信。

我的感悟

结合本节内容，谈一谈自己对待友情的感想。

名言警句

（1）友谊是一种温静与沉着的爱，为理智所引导，习惯所结成，从长久的认识与共同的契合而产生，没有嫉妒，也没有恐惧。——荷麦

（2）世间最美好的东西，莫过于有几个头脑和心地都很正直的严正的朋友。——爱因斯坦

（3）人之相识，贵在相知；人之相知，贵在知心。——孟子

4 人际沟通

中职生处于人生成长的关键阶段，有其自身特点。中职生要实现“好就业、就好业、稳定就业”，除了具备相应的专业知识、职业技能以外，还要懂得沟通，掌握沟通的技能，运用沟通的技巧处理好人际关系，把自己有效地推销出去。沟通是一种能力，也是一种艺术。职业沟通能力是公认的核心职业能力。良好的职业沟通能力不是天生的，而是后天训练的结果。

4.1 沟通艺术

案例： 赵某，女，17 岁，某职校二年级学生。她向心理辅导老师说出了心中的迷雾：“我入学已一年半了，但和同学关系总是处不好。不知从什么时候起，周围的人好像都不喜欢我、讨厌我。有的人一见到我就躲开；有的人还在背后议论我。我不会说普通话，一张嘴说话，别人就笑话我。因此，我觉得自己很傻、很无能，我不知道周围的人为什么不喜欢我？我该怎么办?”

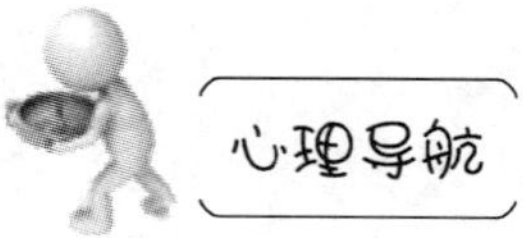

这一案例中，赵同学从自身角度来说，一方面她有与同学建立良好关系，得到喜欢、尊重的需要；另一方面又缺乏必要的方法和技巧，难以排解困惑。正如央视著名节目主持人白岩松所说：“每个生命都需要表白。”不论是内向的人，还是外向的人，都有与人沟通的需要，而且内向的人沟通的需求更加强烈。只有沟通，才能让别人了解自己，自己了解别人；只有沟通，才能不断增进彼此的理解。越是缺乏沟通，障碍就越多，就越难以达到人际交融。

如果同学们都能和身边的同学、老师有良好的沟通、顺利的交往，互相理解和支持，就会经常处于愉悦的情绪状态中，有利于身心成长和学业进步。

4.1.1 人际沟通的分类

（1）按照组织系统，人际沟通可分为正式沟通与非正式沟通。

正式沟通是指按照组织明文规定的原则、方式进行的信息传递与交流，如文件传达、定期召开的会议、一对一的正式面谈、定期汇报以及组织间的公函来往等。正式沟通的信息通道规范，信息准确。非正式沟通是指正式沟通渠道之外进行的各种沟通活动，通过各种各样的社会交往而产生，其形式多样（如闲聊、私下交谈、饭时的交流等）。非正式沟通比较灵活，不用刻意准备，可以及时沟通和解决问题，容易拉近距离。但是，非正式沟通的信息有时不够准确，也容易遭到歪曲（如谣言），不易查证，所以不能过分依赖非正式沟通途径。尤其是在重大事项面前，信息应该以正式沟通为准。

（2）按照沟通形式，人际沟通可以分为现实沟通与虚拟沟通。

现实沟通主要是指面对面的、互相清楚对方身份的沟通。虚拟沟通主要是指随着互联网的发展，借助于网络、计算机、手机等工具，互相匿名、互不见面的沟通方式，如网络聊天。虚拟沟通中，双方都是陌生人，互相不知道现实角色，依靠自己的想象和对方进行沟通交往。网络沟通具有跨时空性、便利性、实时交互性、匿名性等特点，被许多人所青睐。在网络沟通中可以随意扮演角色、逃避现实压力，许多人在现实生活中得不到满足、发泄，就借助于虚拟的世界。但是，过分依赖虚拟沟通，人们在现实生活中就容易产生沟通障碍、社交能力降低、难以融入社会等现象。所以，青少年应正确对待虚拟沟通，避免形成网瘾和手机依赖症。

4.1.2 语言艺术

有这么一个小故事：旧时年关，小李在家设宴招待四个客人。时近中午，还有一人未到，于是他自言自语道："该来的怎么还不来?"。听到这话，其中一位客人心想："该来的还不来，难道我是不该来的?"于是起身告辞。小李后悔自己说的错话，就补充了一句："不该走的又走了。"另一位客人心想："不该走的走了，看来我是该走的!"也离去。小李见因自己言语不慎，把客人气走了，十分懊悔。妻子也埋怨他不会说话，他辩解道："我说的不是他们"。最后一位客人一听这话，心想"不是他们！那只有是我了!"于是叹了口气也走了。这个小故事说明了什么？说话不当，会造成很多误解，带来不必要的麻烦。如果懂得语言艺术，说话得当，很多误解自然可以避免。如何才能说话得当呢?

（1）沟通语言要看准对象，掌握好分寸。

语言交际是双向的，既有说的一方，也有听的一方；既有写的一方，也有读的一方。因此，说、写者就不能一厢情愿想说什么就说什么、想写什么就写什么，而要根据接收者的年龄、性别、职业、性格、思想等方面的不同特点，说恰当的话，尽量"对什么人说什么话"。例如：有一个小女孩叫小青，她的奶奶患有高血压。医生给奶奶配了一瓶降压药，标签上注着："5mg 100 片。用法与用量：口服。一次 5mg，一日三次，待血压降下后改为一日一次。"小青应该如何向奶奶说明吃药的量和时间，又如何消除奶奶紧张的心理呢？小青可以这样说："奶奶，您不要多想，医生说只要您按时吃药，一天三次，一次一片，吃一段时间血压自然会降下来，到时候一天只吃一片。我相信您一定会健康长寿的。"

（2）说话要符合身份。

学生说话，要文明、有礼、符合身份。脏话连篇、吹大牛，不是好现象。

（3）运用语言要适应场合。

即语言表达要与环境气氛相协调。交际的场合各种各样，有喜庆、哀伤之分，有庄重、轻松之别，等等。在不同的场合说不同的话，说话用语巧妙自然。在庄重、哀伤的场合下，说话"搞笑"，是不得体的；在自然优雅的环境中，如在音乐会上，大吵大叫是有伤风雅的。

（4）运用语言应该得体。

"得体"就是语言的运用要注意并适应各种情境条件，要符合场合，避免用词不当等现象，注意掌握语言使用分寸。语言得体，要求说话者做到称谓得体、文明用语，说话目的明确、情感得当，注意时间变换、禁忌语的使用、委婉语的使用、语体的使用等。在说话时，谦词、敬词使用要恰如其分。很多汉语词汇具有一定的倾向性，如果把握不好，就会闹出笑话。尊称的词语一般用于对方，谦称用于己方。常用的尊称有：令尊大人、尊夫人、令堂、令兄、令爱、令孙。常用的敬语有：您、贤弟、仁兄、贵姓、高见、大驾光临、大作等。常用的谦词有：鄙人、薄酒、小女、拙见、拙作等。

一些常用的社交用语见表4-1。

表4-1 常用的社交用语

场合	用语	场合	用语
初次见面	久仰	对方来信	惠书
托人办事	拜托	称赞他人见解	高见
求人给予方便	借光	请人帮忙	劳驾
麻烦别人	打扰	求人原谅	包含
赠送作品请人改正	斧正	请人指教	请教
阅读对方的文章	拜读		

（5）用幽默的语言化解危机。

在很多尴尬的时候，用幽默的语言可以化解危机。例如：著名主持人杨澜主持一台晚会，当她满怀欣喜地走上舞台时，不小心被麦克风的拉线绊倒了，全场哑然，陷入一片尴尬之中……但她迅速地站了起来，镇定地说："亲爱的观众朋友们，你们的热情让我倾倒。"并深深鞠一躬……全场报以热烈的掌声。

（6）说话要避免避讳的内容。

日常交谈中，有一些需要避讳的内容，如：

1）有的人生理上有缺陷，如耳聋、驼背、腿短、肥胖等。如果彼此不是特别亲密的好友，或者对方比较忌讳或不够大度，说话时需要避讳这些词汇，以防影响双方关系。

2）个人发生了不幸，如亲属去世、家庭矛盾、难言之隐等，当事人不主动提到，谈话中不要贸然去谈论。

3）个人痛处，如有的人某些方面较差，如有些小毛病、学习不好怕人笑话等，不要触碰它的敏感神经。

4）特定的风俗习惯，不同地区、不同民族的人有不同的风俗习惯，要尊重他人的风俗习惯，说话时避免说出有伤对方特定风俗习惯的语言。

4.1.3 运用身体语言

沟通方式根据沟通所借用的媒介的不同，可划分为语言沟通与非语言沟通。语言沟通是指以语词符号为载体实现的沟通，主要包括口头沟通、书面沟通和电子沟通等。非语言沟通是相对于语言沟通而言的，是指通过身体动作、体态、语气语调、空间距离等方式进行沟通的过程。身体语言属于非语言沟通方式，也是非常重要的沟通方式。身体语言主要有目光接触、面部表情、肢体动作、装饰等等。

（1）目光。

眼睛是心灵的窗户，是有效显露内心世界的途径。观察力好的人能从他人眼睛中看出其情绪变化、情感变化。往往炯炯有神的目光，给人以感情充沛、生机勃发的感觉；目光呆滞麻木，则会给人留下疲惫厌倦的印象。世界的一些地方，尤其是在亚洲，不当的目光接触会引起不同国家和民族间的误解。所以，一个人良好的交际形象，应该具有坦然、亲切、和蔼、有神的目光。特别是在与人交谈时，不应该躲闪、游移不定、怒目圆睁，也不能目光呆滞，目光应该注视对方；并随着谈话内容的变换，用目光做出及时恰当的反映，或喜，或惊，目光会意，使整个交谈融洽和有趣。

（2）面部表情。

心理学家艾克曼钻研面部表情与内心真相的关系 40 年，成绩斐然，学界封他为“人面教皇”。眼睛和口腔附近的肌肉群是面部表情最丰富的部分。例如，人真正悲伤的时候，嘴唇的角落都会不自主地往下垂，大约只有 1/10 的人可以控制嘴角的肌肉，一般人要假装悲伤得练习好几百个小时才装得出来。微笑是一种世界通用的语言，它表示友善、愿意与人交往，是最富有吸引力、最有价值的面部表情。

和人交谈时，要有适宜的表情。比如，在听到悲伤的事情时，要低沉、悲伤，不能面带笑容；在交谈到高兴之处，可以会心一笑，或真诚大笑。面部表情直接影响人与人之间、个人与大众之间的沟通效果，需要特别注意。

（3）肢体语言。

肢体语言是表达情感和态度的重要方式。人们有时通过身体运动、身体姿势传递信息。比如，聋哑人和他人交流时常常使用手语。很多情况下人们聊天、老师讲课采用语言表达的同时，也使用手势或身体姿态变换。图 4-1 是各种身体姿势及其意义的示意图，其中有些姿势是世界上通用的身体语言。

（4）外表。

图 4-1　各种身体姿势及其意义

人们在交往的初期，往往以貌取人，即人们倾向认为外貌美丽的人应该具有优秀的品质。形象气质好的人，更应该有良好的体态、符合时宜的服饰、符合身份的装饰、优雅的举止、翩翩的风度。否则，一个人仅仅具有美丽外貌，会起到反作用，因为会给人留下“空有其表”的印象。

4.1.4 建立良好人际关系的技巧

（1）把握良好人际关系原则。

如果你想结交许多朋友，就需要遵守以下几个原则：

1）相互性原则。

2）交换性原则。

3）自我价值保护原则。

4）平等原则。

（2）保持一定的距离。

良好的人际关系，不是关系越近越好，而是要保持适当的距离，“距离产生美”。不同的关系，人际距离也不同。美国人类学家霍尔将人际距离分为4种：一是亲密距离（0~0.46m），彼此能感受到对方的体温、气息，通常用于父母与子女之间、夫妻之间。虽然亲密，但还得有分寸和规范。二是个人距离（0.46~1.22m），可以感知大量的体语信息，一般用于朋友之间。三是社交距离（1.22~3.66m），用于具有公开关系、商业交往的个体之间，如上下级关系、顾客与营业员等；四是公众距离（3.66~7.62m），用于演讲、表演等活动正式场合沟通时的距离。

（3）欣赏他人。

美国心理学家威廉·詹姆士说过：渴望被人欣赏是人最基本的天性。在人际交往中，互相欣赏会使双方交往更有动力。寸有所长，尺有所短。每个人都有自己的闪光点，在人际交往中，我们要善于发现别人的长处。适度的赞扬是人际关系的润滑剂，对别人真诚的赞美会促进交往的进一步发展。发现别人的优点，还要见贤思齐，提高自己。

（4）优秀的人格品质。

人格品质是影响人们是否被接纳、喜欢的最重要、最稳定的因素之一。根据美国学者安德森（N. Anderson）研究的成果，排在前六位影响人际关系的人格品质是：真诚、诚实、理解、忠诚、真实、可信。这六个人格品质或多或少与真诚有关，真诚受人欢迎，不真诚令人厌恶。

拓展训练

（1）用5分钟，向别人介绍自己。

（2）向别人说一件事，说完后听听大家对你描述的事情是什么意见。

（3）下列句子中，称谓使用正确的是：（　）

A. 这是您家母托我买的，您就直接交给她就行了。

B. 令爱这次在儿童画展上获奖，多亏您悉心指导，我们全家都很感谢您。

C. 我们家家教很严，令尊常常告诫我们，到社会上要清清白白做人。

D. 令郎不愧是丹青世家子弟，他画的马惟妙惟肖、栩栩如生。

我的感悟

4.2 校园人际

心灵迷雾

案例一：同学王某，刚刚入班时，积极性很高。但是，由于参加活动时，太累，就不愿意参加学校活动。久而久之，他感觉老师不喜欢他、不注意他。他逐渐放松了对自己的要求，经常迟到、早退。受到了老师的批评后，他似乎醒悟了，却也迷惑：如何成为老师喜欢的学生呢？

案例二：小李同学成绩较差，经常在课堂上与其他同学聊天，经常受到老师批评，有几次甚至在课堂上与老师争吵起来。为此他还受到了学校的处分。班主任多次找他谈话，也跟家长要求严格管束，却未见成效。小李跟班长说："我就是不想听课，想捣乱，我也知道这样不对，但是就是控制不住自己……"

案例三：在看待老师批评学生这个问题上，有部分同学认为老师是有意挑自己的毛病、跟自己过不去。

心理导航

老师和学生永远是校园里的主角，师生关系、同学关系是学校教育过程中最基本、最重要、最活跃的关系。

4.2.1 师生之间

师生关系是指老师和学生在教育、教学过程中结成的相互关系，包括彼此所处的地位、作用和相互对待的态度等。师生关系既受教育活动规律的制约，又是一定历史阶段社会关系的反映。"亲其师，信其道"（出自于《学记》），它的意思是学生只有和老师亲近了，才会信任老师，相信老师所说的，接受老师的教育。它一语道破良好的师生关系对教育教学的影响。

现代社会，构建新型和谐的师生关系，是学生健康快乐成长的需要，是提高学校教育教学质量的保证，是社会精神文明的重要方面。新型和谐的师生关系应该是老师和学生在人格上是平等的、在交互活动中是民主的、在相处的氛围上是和谐的。和谐的师生关系，能对学生产生"润物细无声"的教育效果。

构建新型和谐的师生关系，老师要做到"学高为师，身正为范"，做到尊重学生、关心爱护学生、平等对待学生等。那么，作为学生，应该怎么做呢？

（1）尊重老师。

老师是尊称，在学校中，学校的领导、班主任、任科教师、宿舍管理人员以及校内其他为学生提供服务的人，一般都应称呼为“老师”。在社会生活中、在校外的众多领域，对于那些职务高的、年长的、学问大的、值得自己尊重的人，也可以称呼其为“老师”。这既表示谦逊，也让人乐意接受。无论在校园内外，遇见老师的时候，要主动打招呼，同时要注意打招呼的语音语调，要特别显现出对老师的尊重。尊重老师，就要尊重老师的劳动，在老师授课的过程中要遵守纪律、认真学习；尊重老师，向老师学习，学习老师高尚的人格、渊博的知识、高超的技艺、负责的态度，在学习中健康成长。

（2）理解老师。

有的同学爱耍小聪明，觉得自己的方法比老师的还要简便，自己比老师懂得多，自己的主意比老师的指导还要重要。实际上老师是顾忌你的尊严，不想当面戳穿你的“小把戏”。有的同学认为老师不赏识自己，就故意破坏课堂纪律，干扰老师授课，以得到老师的注意。有的同学认为跟老师的关系不好，产生严重的厌学情绪。有的同学认为老师错怪了自己，就非要跟老师弄得“针尖对麦芒”。实际上，老师对学生都是一视同仁。老师也是普通人，每位老师的个性不同，职业经历和经验也不一样。他们在社会生活中也同样会遇到各种各样的烦恼和问题，有时会影响到工作情绪，也难免在一些问题处理上出现疏忽。老师工作非常繁忙，有时难以照顾到所有人的感受，但不会故意去冷落或者疏远某个同学。作为学生，不能把老师是否“喜欢”自己，作为自己为人处世的标准，即使老师“不喜欢”自己，我们也一样可以做个好学生。所以，在自认为跟老师的关系亮起了红灯时，千万不要用消极的方法对待老师和自己。真正聪明的做法是以积极的心态解决问题，反思自己，改变自己，发展自己。

（3）感恩老师。

老师培养学生，呕心沥血，默默奉献。俗话说，“滴水之恩，当涌泉相报”。老师教育了我们，我们要怎么回报老师呢？首先要感恩老师，感恩老师的辛勤付出，感恩老师的无私奉献。其次，要用自己的成绩回报老师，用自己的健康成长回报老师。

（4）注意师生沟通技巧。

一般来说，老师应当能更好地克制自己的言行，避免与学生发生正面冲突。但是，作为学生来说，学会人际交往，提高与人沟通能力也是非常必要的。如果学生认为老师的说法或者做法不能接受的话，要尽可能采取克制的态度，不要立即采取“弹簧式”的回击，以免发生正面的师生冲突。学生可以采取沉默的态度、暂时认错的态度等，然后在课下、在无旁人的情况下，给老师写一封言辞恳切的信，或主动约老师沟通，让老师知道你的所思所想，问题应该会得到很好解决，也能得到老师的好评。

4.2.2 同学之间

许多学子在入学时，满怀希望、憧憬未来。但是，总会有一些同学由于种种原因，陷入人际交往的困惑之中。其实，对于年轻学子来说，其首要解决的问题不是如何学好新的功课，而是如何处理好各种新的社会关系，为今后学习、生活营造良好的环境。

（1）处理来自同一地域的同学关系。

在新生报到的过程中，总有一些家长提出要求：能不能把我们孩子跟某某某同学分在一个宿舍、编排在一个班级里，相互有个照应。

来自同一区域的同学，由于地缘关系，他们相互之间在生活环境、生活习惯等方面具有诸多共同话题。他们具有一种接触交往的心理倾向性，这是很自然的。但是对于新生来说，希望与同乡在一个宿舍、一个班级，主要原因还在于对陌生环境存在一种心理恐惧和对封闭人际关系的一种心理惰性。同一地域的同学，尤其是刚报到不久的新生，出于习惯和安全等方面的考虑，容易形成小群体。他们往往形影不离，学习、娱乐、闲聊等都在一起，经常会忽视与其他同学的交往。由于维护共同利益的需要，这些同乡小群体之间容易发生群体性冲突。具体建议：

1）不刻意追求在宿舍、班级上的安排。在宿舍、班级的安排上，尽可能不提出特别的要求，一切随缘。

2）相处之间切勿过于随便，别把自己不当“外人”。有些学生觉得都是同乡，在别人的床铺被褥上随便躺下睡觉，别人的暖瓶随便就用，别人的水杯随便拿来喝水，手头发紧就随便找人借钱等。结果人家嘴里不好意思说什么，但心里很不舒服。长此下去，也会影响到相互之间的关系。

（2）处理来自不同地区的同学关系。

生源的“区域”范围总是相对的，是不确定的，一般取决于家乡与漂泊地的行政区域跨度和人的心理感受。例如天津市的学生如果到湖南求学，那么凡是来自天津的同学就都是老乡了。但由于人口流动区域范围的不断扩大，有时就不仅仅指行政区域了。例如来自福建的某个学生在天津的学校中遇到某位来自广东的学生，可能很自然地就把自己和这位同学用“南方人”界定亲疏远近了；再比如现在“东北老乡”的称呼，来自东北地区三省的人听到之后，可能很快就找到一种归属感。如果你一旦跨出国门，到国外留学的话，那么恐怕见到黄皮肤的人就会有亲切感。

不同地域的人们，在语言、饮食习惯、风俗习惯、为人处世的群体性格等方面可能存在很大的差异。这就使得不同地域人们之间的交流沟通具有一种天然的沟堑，大中专新生在入学之初不能完全凭着自己的感觉，而要有意识地克服彼此的差异，自觉地处理好相互的关系。具体建议：

1）自制。

在与同学相处的过程中，每个人都要有理智，适当控制自己的言行。现在的青年学生，在家庭里基本上都是个“宝儿”，得到的是家长的无微不至的呵护，甚至说有点“溺爱”的成分，在家里想说什么就说什么，想干什么就干什么，由着自己的性子来。可是一旦进入一个新的环境，总是“我就这样儿”，相互之间都由着自己的性子来，就容易发生矛盾。因此，逐步走向成熟的中职学生应该学会自我控制才可能减少摩擦。

2）尊重。

来自五湖四海的同学，脾气性格、生活习惯、家庭条件等方面有诸多的不同，应该彼此尊重对方。有的同学到一个新的环境中总是看什么都不顺眼，可你是否知道别人是怎么看你的呢？如果相互都看对方不顺眼、不舒服，就难免产生矛盾。

3）帮助。

俗话说“在家靠父母，出门靠朋友”。来自不同地区的学生，背井离乡，闯荡世界，更需要得到别人的帮助。“你敬我一尺，我敬你一丈”，整个社会都在倡导“我为人人，人人为我”的价值观，新同学之间的相处也必然如此。

（3）和解矛盾，避免冲突。

俗话说：舌头哪有不碰牙齿的？自己有时都会产生矛盾和纠结，何况人与人之间呢？同学之间，朝夕相处，产生矛盾是常有之事。如何处理矛盾，是一个人的能力，也是衡量一个人思想是否成熟的标志之一。有的人在有矛盾、竞争时，或者为了哥们义气，动手打架。打架不是正确解决问题的方法，而是一种不成熟的表现，有时也是无能、自卑的表现。打架后，自己或父母要承担责任，甚至承担刑事责任。

同学、朋友之间，会有观点不一致的时候，会有发生矛盾的时候，会有互相看不顺眼的时候，也会有产生误解的时候。面对这些情况，应该怎么办呢？我们要有包容的心态，能包容不同的观点、不同的见解、不同的做法，求同存异；要有宽大容人的度量，能平心静气地解决矛盾；要能用平心静气的态度沟通，消除误解。这样，才能在和别人交往时，和谐相处，获得快乐。

正确对待竞争。现代社会，竞争是一种普遍的社会现象。职业学校的学生，同样会面对一些竞争，比如学习竞争、技能竞争、面试竞争、岗位竞争等。面对竞争，用“武力解决”只能把自己送入失败的深渊。面对竞争，要有勇气、有自信，练好自身本领，在竞争中获得一席之地。如果在竞争中失败，要调整心态，敢于接受现实，查找不足，积极学习，补上“短板”。并且在竞争中，也可以“化干戈为玉帛”，赢得成长，赢得友谊。

拓展训练

（1）在课余时间，找老师谈谈心。可以谈谈学习、生活等内容。了解一下老师在工作中的烦恼。

（2）为老师打一杯热水。

（3）互相介绍比赛。

将班级分为几个小组，每组 5 ~8 人。每组用 10 ~15 分钟时间，互相介绍自己，介绍的主要内容包括：姓名、家庭住址、毕业学校、个人爱好、特长。每组先后推荐 3 ~4 名成员，向班级同学介绍本小组成员的基本信息，小组之间进行比赛，介绍最全、信息最多者获胜。

（4）个性名片。

班级内，所有同学制作一份个性名片，要求主题积极向上。制作完成后，互赠名片。

我的感悟

____

____

____

____

____

____

4.3 团队精神

心灵迷雾

一位同学，在一次拔河比赛后，总结失败的经验时写道：我的班级，不是大家没力量，而是在拔河时，大家不配合，不能劲往一处使，所以失败了。他的总结，你怎么看？

心理导航

在非洲的一个大草原上，有这样的一个现象：你如果看到羚羊在奔跑，是因为狮子来了；如果看到狮子在躲避，是象群来了；如果见到狮子群、大象群逃跑，是蚂蚁群来了。单个的蚂蚁是渺小的、微弱的，但是蚂蚁的团队却是一股非常强大的力量。蚂蚁群靠的就是团结一致、精诚合作的团队精神。

当代社会，从个人到企业，从民族到国家，竞争成为新时代的主旋律。随着社会的进步，团队合作已引起各行各业越来越多的重视。企业在招聘员工时非常看重一个人的团队精神，企业如果有一个团结协作的团队才是真正强大的企业。一个人的力量再强大，也是一个人，力量是很有限的。其实，在现实社会中每个人都处于不同类型的群体中，如一个家庭、一个小组、一个班级、一个学校、一个国家等等。这些群体不一定是团队，但团队一定是群体。

管理学家斯蒂芬·P·罗宾斯认为：团队就是由两个或者两个以上的、相互作用、相互依赖的个体，为了特定目标而按照一定规则结合在一起的组织。一个团队具备这些特点：有共同的目标，人员互相信任、互相依存、互相支持，有组织规范和计划，能为特定目标而承担责任和义务。

管理心理学研究发现，在一个团队里，团队角色一般有以下9种：

（1）联络-协调者：设置团队目标，协调群体角色，建立合作关系，整合团队优势；

（2）推动-组织者：制订计划，组织人力物力，推动工作开展；

（3）探索-倡导者：接受创意，利用创新办法，获取各方支持，积极探索；

（4）控制-核查者：贯彻规章制度，作出量化分析，避免管理差错，控制目标进程；

（5）评价-开发者：运用分析能力，分解任务，分析备选方案实现群体目标；

（6）汇报-建议者：倾听不同观点和意见，收集多种信息，分析并提出建设性意见，促进团队合作；

（7）支持-维护者：拥有强烈信念，稳定团队士气，寻求外向资源，增进外部联系；

（8）总结-生产者：关注工作结果，检查问题细节，注重任务时限，跟踪项目完成；

（9）独立-创新者：富有想象创新，注重独立工作，按照自行方式，寻求创业机遇。

在团队管理中，认识团队结构因素，合理组合，发挥相互特长，才能形成综合优势，增强团队管理效能。

团队的功能有：

（1）目标导向功能。团队精神的培养，使全体成员齐心协力，朝着一个目标努力。

（2）凝聚功能。团队精神通过对群体意识的培养，引导人们产生共同的使命感、归属感和认同感，并反过来逐渐强化团队精神，产生一种强大的凝聚力。

（3）激励功能。成员之间正常的竞争可以互相激励，使人们取得更大的成果。

（4）控制功能。团队精神所产生的控制功能，是通过团队内部所形成的一种观念的力量、氛围的影响，去约束规范，控制成员的个体行为。

中职学生在团队合作方面还存在很多问题，主要表现在：缺乏信任、以自己为中心、不能妥协、缺乏规范和组织等等。为了培养适应企业需要的人才，在学校期间，就要慢慢地培养学生的团队意识、团结协作的精神。

中职学生团队精神的培养，可以从体育运动项目开始，如篮球、足球等，这些团体的运动项目要求参与者有良好的团队协作。在这些运动中，学生通过直观的体验，增强团队协作精神，建立和谐的人际关系，达到团队预期目标。

在学校，最主要的团队是班级团队。一个班级，同学们有良好的团队精神，才能形成强大的凝聚力，班级的各项工作才能很好地进行，班级参加各项团队比赛才能取得好的成绩。在学校的各种活动中，学生通过积极参与体验，在老师的鼓励下，实现近期、中期、远期目标。在逐步实现目标的过程中运用梯次激励效应，形成强大的团队精神和班级凝聚力。学生在团队中积累正能量，在团队中获得成功的经验或失败的教训，在团队活动中成长。

团队精神，在很多活动中都能体现。比如每年举办的运动会，需要在班主任的带领下，团队项目（足球、篮球、田径接力等）中的运动员之间、运动员与啦啦队之间、班级整体精诚合作，才能取得好的名次。在每年度的班级量化考核中，需要每个人的努力，才能为班级的整体考核打好基础。

在这些活动中，不仅老师要着重培养学生的团队精神，学生自己也要有意识地培养自己的团队精神和人际交往能力，为以后走上社会打下良好的基础。

拓展训练

（1）在学校举办的拔河比赛中，发挥团队精神，一起拼搏，取得好成绩。

（2）每人组织一次团体活动。

我的感悟

5　挫折应对

挫折是指人在实现某种目标的过程中，因遇到无法克服且无法超越的障碍而产生的紧张状态或情绪反应。人生难免有挫折，挫折和逆境是每个人在一生中都会遇到的。导致挫折的原因多种多样，概括起来为外在因素（自然、社会、学校、家庭等因素）和内在因素（生理因素和心理因素等等）。

面对挫折，不同的人生态度将产生不同的结果。有的人胆怯懦弱，他们一遇到挫折就放弃目标，其结果必然是一事无成；有的人意志不坚定或者容易满足，他们在挫折面前也能拼搏一阵，但是要么满足于已有的成绩，要么屈服于新的挫折，不能坚定到底，结果也是享受不到成功的喜悦；有的人则意志坚强，有坚定的信念，他们勇敢地面对挫折，向困难发出挑战，善于把前进道路上的绊脚石变成垫脚石，从而获得成功，实现生命的价值，享受真正的人生。

应对挫折的关键是战胜自己。当挫折降临时，在心理上不要产生恐惧感，要用积极的态度和有效的方法去面对挫折和逆境。

挫折对个人的成长和发展既有积极作用，又有消极作用。一方面挫折有利于人们磨炼意志，增长才干和智慧，成为人生经历中的宝贵财富；另一方面挫折又会使人们前进的步伐受到阻碍，给人们的身心造成打击和压力，带来精神上的烦恼和痛苦，使人们的生活道路变得曲折，成为人成长发展中的障碍。艰难的环境可使具有坚强意志、积极进取的人抖擞精神，发奋努力。

人生在世，谁都会遇到挫折，适度的挫折具有一定的积极意义。它可以帮助人们驱走惰性，促使人奋进。挫折又是一种挑战和考验。英国哲学家培根说过："超越自然的奇迹多是在对逆境的征服中出现的。"人们都希望自己的生活中能够多一些快乐，少一些痛苦，多些顺利，少些挫折，可是命运却似乎总爱捉弄人、折磨人，总是给人以更多的失落、痛苦和挫折。关键的问题是应该如何面对挫折、应对挫折。

于丹说：“苦难就是一锅滚水。有的人像鸡蛋，煮进去就变得像石头硬邦邦；有的人像胡萝卜，开始看上去很有型，在水里一煮，就变得一团糊；有的人像茶叶，在滚水里煮，慢慢舒展开来。”生活中不可能都是掌声和鲜花。每个人都会经历风风雨雨。遭遇困难、经受挫折是生活中难以避免的事情。人生是个大舞台，任何经历都是宝贵的财富。我们应该相信，不论风雨多大、乌云多密，它们终将过去，曾经被乌云遮住的阳光，依旧灿烂。

5.1 勇于面对困难和挫折

案例：小张是独生子，聪明活泼，讨人喜欢。上初中时他的成绩非常好。父母对他要求很严格，同时也非常爱他。然而，天有不测风云，在他中考前，父亲被诊断出了癌症，不久就去世了，母亲也因悲伤过度，卧床不起。一个原本幸福的家庭顷刻间趋于土崩瓦解。无忧无虑的小张的生活一下子变了颜色，他忍受着巨大的痛苦勉强参加完中考，结果可想而知。看到要好的几位同学都进入了重点高中，他也曾灰心失望：“为什么生活对我如此不公，在夺走了我至爱亲人的同时，也夺走了我的人生，我的一辈子就这样完了吗？”9 月份一天天临近，小张面对亲爱的母亲，一下子觉得自己长大了：“母亲今后的生活全靠我了，我不能让母亲再受太多的苦了。”小张艰难地站了起来，选择了当地的一所职校就读。他坚信，只要自己努力奋斗，一样会走出自己的成功之路。职校的三年期间，他一边努力学习，一边照顾患病的母亲。他吃苦耐劳，专业知识和动手技能都相当突出。二年级下学期，在老师的指导下，小张开始了从零起步的创业实践。在合伙经营一家小饭馆的过程中，他一个人承担几个人的工作，从没有丝毫的怨言。几年后的今天，小张成熟稳重，脸上流露出一股不屈不挠的刚毅。他已经是一家大饭店的副总和一家酒吧的老板，收入颇丰，并且不辍学习，正在读某名校经济管理专业，马上就可以取得大学本科文凭了。

心理导航

心灵迷雾中的小张由于家中突遭变故，生活从此改变了航向，他的心理和生活都受到了致命一击。人们在日常生活中也经常遇到诸如此类的事情。大到如小张一样的遭遇，小到他人不经意的一句话，如果不能很好地应对和解决，都会导致挫折感。挫折就是由于妨碍达到目标的现实的或想象的阻力而产生的心理状态。面对挫折，如果不能较好地应对并调节自己，其后果会远远大于挫折本身对生活带来的不良影响。对此，我们该怎么办？

5.1.1 树立健康心态

健康心态等于阳光心态加积极心态。

什么是阳光心态？阳光心态就是把别人的批评、责骂、指出不足、建议等，看成是善意的，看成“关爱、帮助和造就”，以感恩和学习的心态，虚心听取、思考、分析、反省，从中吸收有利于自己进步成长的营养，促进自己进步成长。

积极心态主要是指积极的心理态度或状态，是个体对待自身、他人或事物的积极、正向、稳定的心理倾向，是一种良性的、建设性的心理准备状态，在学校文化素质教育、心理教育、心理咨询与治疗操作层面上主要指学生各种正向、主动、积极的心理品质的培养和训练。

积极心态就是面对工作、问题、困难、挫折、挑战和责任，从正面去想，从积极的一面去想，从可能成功的一面去想，积极采取行动，努力去做。积极心态也就是用可能性思维、积极思维、肯定性思维思考问题。积极心态，也是一种生活态度，阳光般的把生活中的一切当做一种享受的过程。

积极心态是一种主动的生活态度，对任何事都有足够的控制能力，它反映了一个人的胸襟、魄力。积极的心态会感染人，给人以力量。

积极的心态会使一个人变得阳光、开朗，会给人带来更多的勇气，能把沉闷转化为振奋人心的个性，能使一个美丽的人变得加倍美丽。

5.1.2 正确认识和分析困难与挫折

困难和挫折是组成生活原味的重要部分。对此，我们要有达观的态度，不要幻想困难和挫折永远不会光顾自己，也不要在遭遇困难和挫折时觉得自己是世界上最不幸的人。在面对困难和挫折时要思想开朗、心情坦然，既然人人都会遭受困难和挫折，那么挫折本身也就没有什么可怕的。认识挫折可能并不难，难的是面对挫折时怎样理智地分析和面对。面对挫折最好的方法是先进行客观冷静的分析，找出原因，然后再想办法补救或解决。

行动是我们应对困难和挫折，并最终战胜它们的关键一步。没有行动，困难和挫折就会一直控制我们的生活。根据行动要达到的目标不同，有两种策略可以选择：一是愈挫愈勇，坚持认准的方向不放弃，直至取得成功。如果过早放弃，就意味着困难和挫折无疑已经控制了我们的生活；如果勇往直前，则意味着我们已把困难和挫折变成了成功的基石。二是修订目标。例如案例中的小张，如果什么也不顾，继续坚持考大学，显然是不可取的，这时，可以选取另一种可能成功的、同样有价值的目标来代替，殊途同归，正所谓“东边不亮西边亮，旱路不通水路通”。这两种策略有一点是相同的，即通过实际行动来面对困难和挫折。记住：当困难和挫折到来时，你可以没有心理准备，但你绝不可以没有行动。

名言警句

世界上的事情永远不是绝对的，结果完全因人而异。苦难对于天才是一块垫脚石，对于能干的人是一笔财富，对于弱者是一个万丈深渊。——巴尔扎克

讨论会

你认为小张身上最令人敬佩的品质是什么？自己有没有看到、听到类似的故事？讲出来与大家一起讨论和分享，分析一下他们为什么成功，为什么失败？

和小组同学讨论一下如果以后在生活和学习中遇到困难和挫折，从心理上和行动上该如何面对？

5.1.3 面对困难和挫折时的心态及处理办法

古时候，在我国北方的边城住着一位老人，大家都喜欢叫他“塞翁”。塞翁只有一匹马，一天，马走失了，邻居们都来宽慰他。他笑着说：“怎么知道这不是福呢?”几个月后，走失的马回来了，身后还跟着一匹好马。邻居们都来祝贺。塞翁说：“怎么知道这不能成为祸呢?”果然，他的儿子骑马时跌断了一条腿。邻居们来劝慰他。塞翁说：“怎么知道这不是福呢?”一年后，战争爆发了。村里的青年人都被强征入伍，十个有九个死在战场上。只有他的儿子因为跛脚留在了家里，保住了一条命。

这个故事说明事物都是一分为二的，我们每个人都要面临人生很多难题，如学业受挫、爱情失败、事业挫折等，但是只要用辩证的观点，看到事物光明的那一面，不为失去的而怨恨自己，怪罪他人，保持一颗平常心，就可以让日子过得快乐些。

你无法样样顺利，但你可以事事顺心；

你无法决定生命长度，但你可以决定生活的广度；

你无法改变容貌，但你可以展现笑容；

你无法控制他人，但你可以肯定自己；

你无法预知明天，但你可以把握今天。

一个人在日常生活中，当工作、学习和交际过程中遇到各种各样的困难和阻力时，往往在其心灵活动中，自觉或不自觉地产生一种自己较能接受的方式加以解释和处理，以解脱痛苦和不安带来的紧张状态，恢复情绪平衡与稳定。这种适应性的倾向，就是人类的一种自我保护的心理功能，在心理学上称为“心理防卫机制”。

应当注意的是，心理防卫机制是个体心理适应机制的一种，有积极的，也有消极的。消极的心理防卫虽然可以暂时缓解焦虑，远离痛苦，但就像失眠者久服安眠药，副作用极大。个体应尽量采取积极的心理防卫机制，以防在不适的道路上越走越远。积极的心理防卫手段有很多，在此介绍以下几种主要方法：

（1）幽默法。

幽默是一种抒发情感的方法，是走出心理困境的阶梯，是调节人际关系的润滑油。幽默法是解脱心理困境极有益的自救策略之一。哲学家苏格拉底有一位脾气特暴的太太。一天，苏格拉底正在与客人谈话，太太突然跑进来大闹，并随手将脸盆中的水泼在苏格拉底的身上。这对一个稍有血性的男子汉来讲都是无法忍受的。苏格拉底却笑了一笑，说："我早知道，打雷之后，一定会有大雨。"一言解颐，他妻子也禁不住笑出声来。有一次，德国著名诗人歌德在一条只能让一个人通过的小路上散步，恰好遇到了一个批评家。批评家说："我是从来不给傻瓜让路的！""对不起，我和你刚好相反！"歌德说完，笑着退到路旁。适当地运用幽默，不但能娱乐大众，还能像歌德一样体现个人的人格魅力，折射出人性的光辉。

（2）有意回避法。

"耳不听，心不烦"、"惹不起咱躲得起"。当我们心情不好的时候，应当有意识地转移注意力，尽可能回避、躲开导致心理困境的外部刺激，暂时忘却烦恼，淡化不良情绪，这是一种简单又有实效的方法。其机理是，在心理困境中，人的大脑里往往形成一个较强的兴奋灶，回避了相关的外部刺激，可以使这个兴奋灶让位给其他刺激引起的新的兴奋灶，兴奋中心转移了，也就摆脱了心理困境。因此在某一心理体验可能导致某一心理困境时，就该回避，而不是在困境的时空中久久驻足。回避法并不是一种简单的消极逃避，而是暂时转移自己的注意力，避免纠缠于越理越乱的矛盾中不能自拔，要躲得起，"躲"也就是回避。当某些人和事、某些场合使你郁郁不乐，或即将火冒三丈，体验到内心矛盾冲突时，应主动回避，不在导致心理困境的地方驻足，以免"触景生情"，可以选择自己比较喜欢的事去做。比如，听听轻松的音乐，散散步，领略大自然的风光；阅读报纸杂志，了解奇闻轶事；看电影、电视并投入其中；回忆最愉快、最成功的时刻等，都可分散注意力，淡忘烦恼，内心也会渐渐地平静下来。

（3）转视法。

横看成岭侧成峰，也就是说换个角度看问题就会大不一样。因为并不是任何来自客观现实的外部刺激都可以回避或淡化的，但是，任何事物都有积极和消极的方面。同一客观现实或情境，如果从一个角度来看，可能引起消极的情绪体验，使人陷入心理困境；如果从另一个角度来看，就可以发现它的积极意义，从而使消极情绪体验转化为积极情绪体验，走出心理困境。

相传一位老太太有两个儿子，大儿子卖伞，二儿子晒盐。为两个儿子，老太太差不多天天愁。愁什么？每逢晴天，老太太念叨：这大晴天，伞可不好卖哟！于是为大儿子愁。每逢阴天，老太太嘀咕：这阴天下雨的，盐可咋晒？于是为二儿子愁。老太太愁来愁去，日渐憔悴，终于成疾。两个儿子不知如何是好。有一智者献策："晴天好晒盐，您该为二儿子高兴；阴天好卖伞，您该为大儿子高兴。这么换个看法，就没愁发喽！"这么一来，老太太果然变愁苦为欢乐，心宽体健起来。

英国某制鞋公司派两位推销员到非洲开拓市场。不久，其中一位推销员垂头丧气地回来报告："鞋类销售在非洲没有市场，因为那里的人根本不穿鞋。"随后另一位推销员兴冲冲地回来报告："鞋类销售在非洲前景广阔，因为那里的人都还没有穿鞋呢。"

（4）换脑法。

换一种认知解释事物，更新观念，重新解释外部环境信息，也就是相当于换一个脑袋思考，解释问题。在个体出现心理矛盾和冲突的时候，可以通过换脑法，减少或消除心理认知与心理体验的矛盾冲突。例如，某位同学为自己考试发挥失常没有考上重点院校而遗憾时，他应该放弃"成者为王败者为寇"的理念，多记取"是金子，在哪儿都会闪光"的名言，沮丧的情绪就会大大缓解。期末考试时，如果老担心考砸了，不仅跟家长、老师不好交代，自己面子上无光，而且还要补考，假期也不得轻松。对此心理素质不太好的同学会特别焦虑，以至脑子僵化甚至一片空白。若把考试当做检测自己平时学得怎么样，自己尽力而为就是了，心情也许就会好多了。

（5）自我解嘲法。

自嘲又称"酸葡萄与甜柠檬效应"，在心理学上又称合理化，是指通过找一些理由为自己开脱，以减轻痛苦，缓解紧张，是内心获得平衡的办法，是宣泄积郁、制造心理快乐的良方，也是反击别人的武器。比如，当你在经济上受到不合理的待遇时，当你的生理缺陷遭到别人的嘲笑或无端受到别人攻击时，你不妨自嘲一下，比如用“吃亏是福”、“破财免灾”等调节一下你失衡的心理；在一些非原则问题上，可以装装糊涂，为心灵增加一层保护膜。

例如，在一次舞会上，一个个头偏矮的男子，去邀请一位身材高挑的女孩跳舞，那女孩拒绝说：“我从不与比我矮的男人跳舞。”男人听了没有发火，也没有指责对方，而是淡淡一笑，说：“我真是武大郎开店，找错了帮手!”那女孩听后脸红耳赤，反而不自然起来。

弗洛伊德指出，常见的自嘲合理化有两种：一是希望达到的目的没有达到，心理便否定该目的的价值或意义，俗称酸葡萄效应，如当考试失败时，可以对自己说“胜败乃兵家常事，要是为考100分累病了可不值。”二是未达到预定的期望或目标，便提高目前现状的价值或意义，俗称甜柠檬效应。如当与好朋友发生争执后，在激动之余可以这样想：“幸亏今天把话说清楚了，要不然以后还会发生争执!”

（6）补偿法。

受挫后通过改变活动方向，进行其他活动获得成功来弥补损失，“东方不亮西方亮”、“旱路不通水路通”、“失之东隅收之桑榆”，从而减轻、消除心理上的困扰，这在心理学上称为补偿法。一个人在生理上或心理上的不足或缺陷，有时可能是无法改变的，但可以通过其他途径来弥补，“盲人耳灵”就是这个道理。生理上的缺陷，可以用自己独特的才能，取得别人的尊重，达到心理平衡。心理上的创伤也可以通过一定途径进行补偿。如有的同学在理论学习上受挫后就通过加强自己的操作技能来弥补。在实现目标过程中受挫，可以通过更替原来的行动目标，或变换实现目标的途径，或克服实现目标过程中的障碍转弱变强，求得长远价值目标的实现，从而得到喜悦的补偿。如日本的著名音乐指挥家小泽征尔，原来是专练钢琴的。他在手指摔伤、十指的灵敏度受到影响后，曾一度十分苦恼。后来他毫不犹豫改学指挥而一举成名，从而摆脱心理困境。古希腊政治家戴摩西尼曾因轻度口吃不能演讲。他通过把小卵石放在嘴里练习讲话，并面对海滨高声呼喊，最终语言劣势得到补救，成为闻名的大演说家。

（7）低调法。

人出于本能会不断提高自己的人生期望值，这自然有其积极意义，它是个人进取、社会进步的一种心理驱动力。但“物极必反”，期望值越高，失败的可能性也越大，心理上的情绪冲突越大。常言道：“希望得越热烈，失望的痛苦就越深。”当个体的动机不能实现，实现目标的需要不能满足时，就可能有受挫感，产生心理紧张或痛苦。避免或缓解这种状况的一个有效措施，就是在实现目标过程中受挫时，及时调整目标，分阶段去建立不同的目标，以增加心理满足感。

（8）自我升华法。

这里的升华，原意是指不能接受的本能冲动，下意识地转化为可以接受的行为。如文艺复兴时期意大利雕塑家米开朗基罗，年轻时为“缓和”情欲和原始的冲动，在心理学家指点下，从事雕刻艺术并最终成名。青年男女恋爱遭到挫折，或性欲念和性冲动与社会规范相冲突时，可以运用升华的方法把兴趣转向学业、事业，或用文学艺术抒发情感，或以音乐陶冶情操，使思想感情得到升华。通过升华作用，使自己本来的情感得以宣泄，不致引起内心的焦虑紧张，防止出现偏差，产生过激行为。

困难和挫折常给人带来心理上的压抑和焦虑。善于心理自救者，能把这种情绪升华为一种力量，引向对己、对人、对社会都有利的方向，在获得成功满足的同时，也清除了心理压抑和焦虑，达到积极的心理平衡。这种方式能使自己的行为被社会接受，甚至对社会有利，因此是一种十分合理的心理防卫方法。如有的同学因考试失败而对成绩优异的同学产生了嫉妒和反感，但他很快将这种情绪转化为督促自己努力的动力，最终使自己获得了成功。这样不仅使自己原来的情绪、欲望得到了间接地宣泄，维持了心理平衡而且还获得了成功。我国古代的周文王、孔子、屈原、左丘明、孙子、吕不韦、韩非、司马迁等之所以万世传颂就在于他们在灾难性的心理困境中以升华拯救了自己。西汉司马迁因替李陵辩解，获罪下狱，惨受腐刑。司马迁为转移其不幸遭遇所带来的苦痛心境，而以坚韧不拔的精神，全力投入《史记》的撰写之中，以舒志解愁，调整和缓解心理矛盾，把身心创伤等不良刺激变为奋发努力。德国诗人歌德，23 岁时曾深深地爱上了一位朋友的妻子，但他深知与这位女子的结合是不可能的，为此一度想到自杀。然而，当这些刻骨的哀愁升华为一种创作冲动之后，歌德竟在短短一周的时间之内完成了一部不朽之作——《少年维特之烦恼》。正是情绪境界的升华安抚了歌德的心理创伤，使他的艺术生命迈上了一个新的台阶。

心有多大，世界就有多大。早年失明的英国近代诗人约翰·弥尔顿说过："心灵，是它自己的殿堂，它可以成为地狱中的天堂，也可以成为天堂中的地狱。""化悲痛为力量"这句话就包含着升华的含义。如果因亲人死亡而引起的悲痛心情和对亲人的怀念长时期延续不能消解，对身心健康危害很大。把它升华成工作、学习上的动力，化为继承死者遗愿的行动，就起到积极的作用。

拓展训练

采访一位你认为较成功的人士（年龄最好在25岁以上，毕业于中等职业学校），请他（她）讲一讲在奋斗过程中遇到了哪些困难和挫折，他（她）又是如何克服的。

我的感悟

结合本节内容，谈谈自己如何面对困难和挫折。

5.2 让压力成为动力

心理压力即精神压力，现代生活中每个人都有所体验。心理压力总的来说有社会、生活和竞争三个压力源。压力过大、过多会损害身体健康。现代医学证明，心理压力会削弱人体免疫系统，从而使外界致病因素引起肌体患病。现代生活的压力，像空气一样无时无刻不在挤压着人们。

心理压力是个体在生活适应过程中的一种身心紧张状态，源于环境要求与自身应对能力不平衡；这种紧张状态倾向于通过非特异的心理和生理反应表现出来。

压力是压力源和压力反应共同构成的一种认知和行为体验。人的内心冲突及与之相伴随的情绪体验是心理学意义上的压力。从心理学角度看，压力是外部事件引发的一种内心体验。完全没有心理压力的情况是不存在的。如果假定有这样的情形，那一定比有巨大心理压力的情景更可怕。换一种说法就是，没有压力本身就是一种压力，它的名字叫做空虚。无数的文学艺术作品描述过这种空虚感。那是一种比死亡更没有生机的状况，一种活着却感觉不到自己在活着的巨大悲哀。为了消除这种空虚感，一部分人选择了极端的举措来寻找压力或者说刺激。比如有一部分吸毒者，在最开始就是被空虚推上绝路的。在现实社会中，由于学业、就业方面的压力增大，正值青春发育期的中职生面临许多心理压力。帮助他们正确应对压力，对青少年的健康成长有着重要意义，这也是教师的责任。

压力是由于事物原来的平衡状态发生变化而形成的。压力具有双向性（作用力和反作用力），这里可理解为正向压力和负向压力。主动施力者为正向压力，被动施力者为负向压力。正向压力和负向压力都会通过情绪的变化表现出来，或者快乐，或者忧伤。压力集中处形成了闪光点（光环效应）或脆裂点（破碎效应）。当一个人有一点进步时，如果老师和同学能及时地表扬并不断地强化，他会感到自己与众不同，于是各方面都表现出积极乐观的态度，常常自己给自己施加压力，人生的目标也随之提高。相反，当一个人存在某一方面不足时，如果老师和同学总是批评和指责，他会觉得处处不如人，于是就会逐渐产生负向压力，并放弃自己原来的目标。

压力作用到一定程度后必然会出现新的平衡，这种平衡就形成了自己特有的品质和责任感。“平衡—不平衡—新的平衡”是一个螺旋式的循环过程，或者上升，或者下降，当环境或需求再次发生变化时，新的循环也就随之而来。作为教师，必须引导学生往上升方向进入循环轨道；对已经进入上升循环轨道的学生要不断强化，防止其下滑；对向下循环或在原地循环的学生要给他们更多的鼓励和帮助。

中职时期是一个人身心发展的重要阶段。中职学生在生理上成长迅速，无论形体、机能还是身体素质都会有急剧的变化，出现生长发育的第二高峰期。伴随着身体的发育，心理上也产生日益显著的变化。应该认识到，多数中职学生的心理不稳定，变化大，还处于未成熟期，容易形成心理压力，带来一些心理问题。这是学校开展心理健康教育必须重视的。

中职学生心理压力的形成既有外因，也有内因。外因如社会竞争氛围的影响，父母、老师对升学的期望，学习成绩的压力以及同学之间的攀比等，都足以对青少年学生产生一定的影响，形成相应的心理压力。内因主要是自身心理发展水平与外界的实际要求之间的矛盾，如急欲做好某件事，以显示成就感，但结果事与愿违，带来很大的心理压力。另外还有心理的不成熟带来的种种心理波动，形成心理压力。例如在处理事情上感情用事，易冲动，失败后又经受不起挫折等。

在中职生的学习与生活中，学习压力可以说是无处不在。我们或许因学习上的挫折而苦恼，或许因考试来临而焦虑，或许因成绩不良而惆怅……随之而来的沉重压力会压垮我们的身体，危害我们的心灵，影响我们学习水平的正常发挥。但是，只要你愿意，压力也会唤起我们的热情，促使我们挖掘自己的学习潜能，成为我们学习与成长的动力源。

名言警句

古今中外，凡成就事业、对人类有所作为的无一不是脚踏实地、艰苦攀登的结果。

——钱三强

心灵迷雾

案例：刚进入职业学校学习的时候，晓琳的学习成绩名列前茅。可是，随着学习课程的增多，她发现保持自己原来的学习水平越来越难了。尤其是专业技能课，她下了很大的工夫，但在期中考试中非但没考好，甚至可以说非常差，心高气傲的她很难接受这个事实。

晓琳的父母都是下岗工人，省吃俭用地供她上学，期望她将来能考入名牌大学。可是没想到中考失利，无奈的她进了职业学校。听着父母的唠叨和唉声叹气，她暗下决心，一定要努力学习，将来成为行业中的高级技术人才，不再让父母失望。可是，这次期中考试的失败把她抛入了绝望的深渊。

随着期末考试的临近，她开始变得烦躁与不安，复习时也不能静下心来，脑子里不停地闪过父母失望的眼神，心中一遍遍地说：又要考试了！我还没复习好，考不好怎么办？由于总是处于惶惶不安的状态中，她的睡眠质量很差，梦中总是出现自己在考场上交白卷的情景，醒来的时候一身冷汗。她尤其害怕父母问自己什么时候期末考试，复习得怎么样。而且越是临近考试，她的紧张情绪就越明显，拿起书的时候手心出汗、大脑一片空白……

晓琳心急如焚，为了改善学习状况，她拼命地想在学习方法上找原因、在身体状况上找原因，但都无济于事。最后，在班主任老师的建议下，她走向了学校的心理咨询室。

心理导航

晓琳因为家长对自己的期望值较高，学习上又遇到了挫折，因此感受到巨大的学习压力，并产生了过强的考试焦虑。

学习压力大已经成为青年学生面临的普遍问题，这种压力主要来自学校、家庭和社会。在学习生活中，我们所感受到的学习压力常常是与考试联系在一起的。如果我们无法摆脱这种对考试过度紧张的心理压力，就会表现出情绪低落、信心不足，有时还伴有失眠、烦躁、焦虑、健忘、恐惧、厌学等失衡现象，严重地影响着我们的学习和身心健康。那么如何积极应对学习压力，保持一种健康、向上的学习心态呢?

（1）以积极的心态面对学习压力。

压力犹如一把双刃剑，它既有弊端，也有益处。有些同学因承受不了学习压力，自暴自弃；而有的同学则在学习压力的推动下，更加积极向上，最终硕果累累。所以说，积极乐观的心态可以帮我们减压。

（2）树立正确的学习观。

相信“天生我材必有用”，轻松愉快地学习，这样才会有较好的学习效果。我们上学不完全是为了升学，而是为了提高综合素质和职业素质，掌握学习的方法，为离校后参加工作时能够独立工作和自学做好准备。

（3）制定适当的学习目标。

有的同学给自己定的目标过高，如果达不到预定的目标，就会产生消极的影响。因此我们要正确判断自己的实力，确立只要尽心尽力，不论结果如何都问心无愧的态度。

（4）运用积极想象法。

当我们要达到某个目标时，先要告诉自己“我能成功”。晚上睡觉前自己大声重复一遍，第二天早上我们一定会感到舒服得多，做起事情来也会很有信心，学习压力在无形中就减轻了。

（5）创设良好的氛围。

我们要努力创设一个令人愉快的、不容易分散注意力的学习空间。比如，房间干干净净、书籍摆放井然有序、和周围同学相处融洽等，都会形成一种良好的学习氛围。宽松的学习环境有助于我们减少对学习压力的关注。

讨论会

如果你是晓琳，在学习上遇到挫折后，你会怎么做？说说自己的想法，与大家一起讨论分享。

在你的学习过程中，有学习压力吗？这些压力主要来自于哪些方面？

下面结合几则小故事，谈谈如何在压力中树立积极心态。

5.2.1 泰然处之，用积极心态面对压力

一位禅师对他的弟子们讲了这样的故事：一个人被一只凶猛的老虎追赶而掉下悬崖，庆幸的是在跌落的过程中，这人幸好抓住了一棵生长在悬崖上的小灌木。于是他就这样吊在那里，千钧一发，生死攸关。头顶上，那只追赶他的老虎正虎视眈眈盯着他；低头看下面，悬崖底下还有一只威猛的老虎，正馋涎欲滴望着他。即使能逃过粉身碎骨的厄运，他也会成为老虎口中的美食。偏在这时，这人看见两只老鼠啃咬着悬挂他生命的灌木根。即使灌木不被咬断，饥饿的他也没力气支撑多久。突然，这人发现悬崖上长有一些野草莓，伸手可及。于是，他拽下草莓，塞进嘴里，边嚼边自语道："多甜啊！"

也许这个可怜的人过早夭折，没有机会将他的秘密与别人分享。但即使他无法告诉我们如何在这种危急时刻还能处之泰然，他也是临危不乱的典型范例。就在他被老虎追赶、即将粉身碎骨之际，居然有心情去享受野草莓的滋味儿！

这个故事告诉我们，无论外界的压力多么大，我们都能寻找快乐，以平和的心态去面对一切，不急、不贪、不乱，泰然处之，运筹帷幄，以积极的心态去面对一切，解决问题，一定会有好的结果。

中职学生有一定的心理压力是正常的，但是如果长久地承受巨大的心理压力，就容易产生心理疾病，影响人的心理健康，因此应采取积极的态度、有效的方法，努力缓解压力，保持心态的平衡。如何缓解心理压力呢？下面几点建议可供参考。

（1）学会自我排解。

采取不影响他人和社会的方式，将内心的消极情绪发泄出来，然后重新投入学习和生活。比如遇到十分伤心的事，索性大哭一场，将郁闷发泄出来，感觉就会好受一些。

（2）找人倾诉烦恼。

有了困惑、痛苦等压力，可以找亲朋好友或同学倾诉，听听别人的见解，通过交流能有效地缓解心理压力。有人说"一个痛苦两人分担，痛苦就减轻了一

半”，这话确实有道理。

（3）转移消解压力。

在一件事情上失败，短期内又无法改变时，可以通过其他活动来弥补不能实现的愿望，或者转移注意力，让压力在其他活动中得到释放。如参加文体娱乐活动，使自己获得愉快的心情，压力就会逐渐消解。

（4）不作过分苛求。

每个人都有自己的长处和短处，如果要求自己十全十美，甚至以己之短比人之长，必然压力重重。中职生应该建立悦纳自己的健康人生态度，树立适度的奋斗目标，这样更有利于健康成长。

（5）专心致志做事。

一个人同时面对多件事情时，容易形成巨大的压力。中职生要学会有计划、有步骤地安排自己的生活、学习，减少不必要的心理负担，集中精力做一件事，以免弄得身心疲惫不堪。

（6）积极面对现实。

遇到打击时，与其沉浸于痛苦中不能自拔，不如勇敢地承认现实。控制好自己的个人情绪，积极寻找对策，或许会“柳暗花明又一村”，取得满意的效果。

良好的心态是心理健康的重要标志，也是素质教育的培养目标。中职生有必要掌握一些平衡心理的方法，正确面对和缓解心理压力，这将有助于他们获得健康的心理和健康的人生。

（1）克服考试紧张心理。

要正确地对待考试。考前保持轻松愉快的心情，坚持有规律的生活，不要把考试看得太重，学会自我暗示，经常提醒自己：“我会考好的”，“没有什么大不了的”，形成正确的应考心态。进入考场后，可以先看看窗外的风景或闭目养神，转移大脑的兴奋灶。试卷发下来以后，万一出现一片空白的现象，一定不要过于紧张，合上试卷做几次深呼吸，使自己尽快平静下来。

（2）客观冷静分析。

在学习上遇到压力之后，应当对压力情境进行分析。这个分析包括两个方面：一方面是压力来源的分析。仔细思考一下，是什么原因导致压力的，是外在因素，还是个人的内在因素？了解压力的来源，即可采取对策，舒缓情绪反应。如感到考试对自己的压力，是来自于个人，就要对考试后的好坏成绩做充分的估计，做最坏的打算，向最好方面努力，这样压力就自然会得到缓解。另一方面是对压力后果的分析，即它将对自己产生什么影响。如感到老师的做法对自己造成了压力，就可以直截了当地告诉老师，相信老师都会理解，并会尽量去创造一个适合学生学习的轻松环境。

（3）合理利用时间，学会科学用脑。

有时感到压力大往往是由于没有把时间安排好，搞好时间管理是一种降低压力的好办法。首先要制订一个学习计划。计划可大可小，大到整个学期、每个学科；小到每个星期、每个单元，这样便于科学安排时间，提高学习效率。同时讲究用脑卫生，注重劳逸结合。另外每学一个新的内容，都要及时掌握，及时巩固。前一天预习新课，当天回顾所学内容，一周小结复习，单元测验前复习巩固，期中、期末考试前系统复习。这样从预习到考试，一遍遍加深印象巩固记忆，就不会感到压力太大，无形中减轻了焦虑程度，考试也能应付自如。

（4）多与家长沟通情感。

首先要理解家长对自己严格要求的不同心情，一是望子成龙、望女成凤心切，二是攀比心理，三是家庭经济来源不易，希望投有所获等等。针对这些心理，做子女的要做认真分析，自己既要努力学习，尽力而为之，又要把自己的学习真实情况与家长沟通，取得家长的认可，切忌只报喜不报忧，甚至弄虚作假，避免家长产生期望过高的心理。对于家长向自己提出的过高要求，自己近期的确无法达到，需要以后再努力的，先要向家长说明情况，得到家长的谅解，切忌“明知山有虎，偏向虎山行”地一味盲干。总之，多与家长沟通情感、交流思想，不仅可以减轻学业上的压力，而且可以给自己的学习带来动力。

5.2.2 走出枯井

有这样一个故事：有一天某个农夫的一头驴子，不小心掉进一口枯井里，农夫绞尽脑汁想办法救出驴子，但几个小时过去了，驴子还在井里痛苦地哀嚎着。最后，这位农夫决定放弃，他想这头驴子年纪大了，不值得大费周章去把它救出来。于是农夫便请来左邻右舍帮忙一起将井中的驴子埋了，以免除它的痛苦。农夫的邻居们人手一把铲子，开始将泥土铲进枯井中。当这头驴子了解到自己的处境时，刚开始哭得很凄惨。但出人意料的是，一会儿之后这头驴子就安静下来了。农夫好奇地探头往井底一看，出现在眼前的景象令他大吃一惊：当铲进井里的泥土落在驴子的背部时，驴子的反应令人称奇——它将泥土抖落在一旁，然后站到铲进的泥土堆上面！就这样，驴子将大家铲到在它身上的泥土全数抖落在井底，然后再站上去。很快地，这只驴子便得意地上升到井口，然后在众人惊讶的表情中快步地跑开了。

事实上，我们在生活中所遭遇的种种困难挫折就是加诸在我们身上的“泥沙”。然而，换个角度看，它们也是一块块的垫脚石，只要我们锲而不舍地将它们抖落掉，然后站上去，那么即使是掉落到最深的井，我们也能安然地脱困。本来看似要活埋驴子的举动，由于驴子处理厄境的态度不同，实际上却帮助了它，这也是改变命运的要素之一。如果我们以肯定、沉着稳重的态度面对困境，助力往往就潜藏在困境中。一切都取决于我们自己，学习放下一切得失，勇往直前迈向理想。我们应该不断地建立信心、希望和无条件的爱，这些都是帮助我们从生命中的枯井脱困并找到自己的工具。

其实在生活和工作中，很多貌似沉重的东西本身分量并不一定很重，而是因为我们把它看得太重。多数的烦恼是不值一提的。

有这样一个故事，说的是死神来到一个村落，向那里的人宣布：“明天我要带走100人的生命，至于是哪些人，谜底就留待明天揭晓。”次日，当死神再次回到村落准备带人的时候，意外地发现这个村落中，一夜之间竟然死了1000人！

或许这个故事有些夸张，但是科学研究表明，人们在生活和工作中有许多压力是毫无必要的。下面的数字可以让我们对忧虑有一个重新认识。

——人们担忧的事情有40%永远不会发生。

——30%的忧虑涉及过去做出的决定，这些都是无法改变的。

——12%的忧虑是出于自卑感而产生的。

——10%的忧虑与健康有关，而越担忧问题就会越严重。

——只有8%的忧虑可以列入合理的范围。

可见，有时人因为压力而感到忧虑，其实并非真正的压力所致，而是自寻烦恼。而这些大多属于“庸人自扰”的忧虑却会让我们花费大量的精力，让我们为此不开心。

5.2.3 压力是成长的开始

你吃过豆芽菜吗？你自己种过豆芽菜吗？有没有发现，自己种的豆芽菜都细细长长的，好像营养不良似的？可是市场上卖的豆芽菜肥肥胖胖，看起来就是又嫩又脆，很好吃的样子！其实这是有方法的。

商家在孵豆芽的时候，先把种子撒下去，接着会在上面盖上一层玻璃片之类的重物。当种子要冒出芽来的时候，首先就会碰到这个重物。为了长出芽来，并有力量举起这层重物，种子们会相约，有默契地一起喊：“一、二、三顶，一、二、三顶！”于是就长成了肥肥胖胖的豆芽菜。因为它们通过压力的逆境考验，所以反而长得又胖又好！

还有一个故事是：日本人很喜欢吃一种鱼，可是这种鱼必须从西伯利亚空运到日本。不知道为什么，每次空运过程中，都会有高达40%的鱼因为飞机摇晃晕机死亡。为了降低鱼的死亡率，于是有人提出在水箱中放入鱼类的天敌——螃蟹，这样一来，鱼为了躲避螃蟹的攻击，自然会集中精神全力戒备以保护自己，不畏外在环境的威胁。结果，真的奏效了，鱼的死亡率从40%降到5%。

中职生压力的形成是多方面的，但归纳起来不外乎两种情况：一是外部环境的变化；二是自身需求的变化。外部环境变化具体表现为：社会环境变化和社会对人才的需求情况发生变化，导致学生产生就业压力；家庭环境变化，如家庭经济或家庭成员变化，导致学生产生生存压力；学校环境变化，如学生从初中时期的基础学科学习状态向中职时期的专业知识和技能学习状态的转变，从初中时为了升学向中职时为了就业（创业）的转变等。这些都会导致学生产生学习压力；此外，班级环境变化、亚群体环境变化也会导致学生产生适应压力，交往压力等。自身需求的变化具体表现为：学习需求变化，如渴望获得更多的知识和技能；交往需求变化，如希望得到异性或同伴的关注；就业需求变化，如希望毕业后能找到一份如意的工作；价值需求变化，如希望自己的每一次付出或每一点努力都能得到别人和社会的认可等。

有责任感的人，会主动地去适应环境的变化，或根据自身的实际情况调整自身的需求，从而产生积极的动力；没有责任感的人，会消极地去面对环境的变化，或产生不当的需求，总是感到什么都不如人意，时刻都在抱怨，从而产生心理负担。

作为中职生应该做到对现实生活中三种现象的充分理解：第一种是把压力变成动力。这种人心情愉快，工作充满激情，工作责任心强，工作效率高，越是困难越坚强，常常是自己给自己施加压力，总是希望把工作做得更好。第二种是把压力变成负担。这种人整天愁眉苦脸、闷闷不乐，似乎什么事情都是针对他，工作不负责任，工作效率低下，严重时会表现为破罐破摔。第三种是无事一身轻。这种人无忧无虑，漫无目的，没有压力（当然没有压力是相对的），也没有责任。最典型的就是花两块钱在茶馆从早上坐到晚上。

从这三种现象我们不难看出“压力、情绪、责任”三者之间存在着必然的联系。责任感强的人总是表现出“积极、乐观、主动、好学、配合、奉献”的心态，几乎没有什么困难和挫折能让他们屈服，面对各种压力都能往有利的方面转化；相反，没有责任感的人总是表现为“消极、自卑、被动、厌学、逆反、破坏”的心态，只要有点困难他们就会无限放大，面对压力时总是往有害的方面思考；介于两者之间的人，实际上是左右摆动的人，他们最后会由于环境及需求的变化出现不同的转变，而且极有可能往后者转变，因为他们已经耗费了大量的时间并养成了一种惰性。

拓展训练

情景剧——过河。

第一步：放轻音乐，创设夜晚过河的意境，引导同学进入意境画面。

第二步：老师用多媒体动画展示：漆黑的夜里，两山之间有一条河，河上有一道桥，除桥面清晰可见外，其他的什么都看不见，完全漆黑一团。请同学过河，并轻声问同学：“有没有不愿过去的？如果有请举手，可以放弃。”

第三步：老师提示在对岸办完事情后，天刚蒙蒙亮，我们需要从原桥过河，老师展示多媒体动画：依稀可见窄窄的桥面仅比一个人宽一点，且没有栏杆，也没有其他安全防护设施，桥下是万丈深渊，翻腾的河水拍打着山体，发出令人恐惧的“轰隆轰隆”的声音。请同学过河，并轻声问同学：“没有不愿过去的？如果有请举手，可以放弃。”

第四步：老师提示，因为有新的任务，我们需要再通过原桥到对岸去，此时天已完全亮了，老师展示多媒体动画：河依旧，桥的两侧有非常牢固的安全保护网。请学生过河，并轻声问同学：“有没有不愿过去的？如果有请举手，可以放弃。”

第五步：请同学闭目静思三次过河的感受。

第六步：请同学讨论、交流三次过河的感受有哪些差异，为什么存在这些差异。

第七步：请同学小组讨论：“在学习上有压力吗？为什么会有这些压力？”

第八步：每位同学总结一下活动体会。

我的感悟

5.3 不抱怨的世界

心灵迷雾

案例一：北方的一家大医院同时来了两位患者，他们都怀疑自己患了肺结核病。经过医生的检查化验，结果出来了，其中一个真正患有肺结核病，而另一个只是由于感冒引起的呼吸道感染。可是由于这位医生的一时疏忽，写错了他们的化验单。那个真正患有肺结核病人的化验单上，写着“感冒引起的呼吸道感染”；而那个没有患肺结核病人的化验单上，却写着“患有肺结核病”。没想到这两张小小的化验单却导致了两种不同的结果。那个真正患有肺结核病的人，认为自己身上没有结核病，心情一天比一天好，积极的心态，唤醒了他的免疫功能，两年后，身上的肺结核不药而愈。而那个没有患肺结核的人，心里老认为自己身上患有肺结核病，过度的担忧而导致免疫力下降，两年后真的感染上了肺结核。可见心态对人的影响是多么的巨大。从中可看出学会控制心态，就等于学会驾驭生命，不懂得调整心态，很容易酿成悲剧。

案例二：有一家姐妹俩，姐姐大学毕业后分配到纺织厂工作，妹妹高中尚未毕业就顶替母亲进厂当了纺织工。改革开放后姐妹俩双双下岗了，两人的心态不一样，显然导致的结果也不一样。姐姐认为自己运气不佳，见人就说：“我现在是个失去工作的失败者。”有时碰上合适的工作，也不想去争取。而妹妹虽然学识和才干不如姐姐，但她会转换想法，她常对母亲说：“我不是失业的纺织工，我是个有许多工作等我去选择的人。”她下岗后当过清洁工，站过柜台，参加过职业培训，后来考进一家大宾馆当实习生，两年后提升为大堂经理。

心理导航

上述两则案例中，相信自己没有生病的人奇迹的痊愈了，没有抱怨自己运气不佳的妹妹也因为积极的心态而找到了好的工作。抱怨的结果就是让现在的状况更加的糟糕。关于抱怨，有个成语形容得十分贴切——怨天尤人。产生抱怨的原因在于心理负面情绪和消极心态的影响。心态是指人的思想或态度决定思维和行动模式状态，是人的心理对各种信息刺激做出反应的趋势，是一种主观价值的趋向，其构成因素包括情绪、活动、意识、认知实践等。积极心态主要指乐观的心理态度或个体对待自身、他人以及客观事物的一种心理倾向和一种心理状态，而这种状态往往是向上的、良性的、平稳的，而且充满着正能量。积极的心理态度在生活中表现为热情、奉献，包括奉献、激情、快乐、爱、希望、自尊、信任。

消极的心理态度在生活中表现为悲伤、愤怒、紧张、焦虑、痛苦、恐惧、仇恨等。

5.3.1 抱怨的原因

抱怨往往反映人们的惰性，当有人抱怨，很可能表明他放弃了主动靠自己的努力改变现状的机会，丧失了在弱肉强食社会中奋进的信仰，最后的结果往往是沉沦在这个竞争激烈的社会。一个充满了怨恨与愤怒情绪的人，如果这种情绪超出了自己能够控制和把握的极限，这个人就会产生抱怨的心态。因为他没有真正的理解和意识到，这个世界上根本不存在绝对的公平，所有的成功都是历经艰苦卓绝的奋斗才能换来。

每个人都是自己人生的导演，喜剧还是悲剧，全在自己的一念之差。我们自己的每一句话和每一个举动，不仅能影响别人，也会深刻地影响我们自己的命运，你只能收获你所播种的东西，这就是生活。从来就没有捷径，机遇往往与挑战共存，也许努力也是以失败和遗憾为最终结局。我们在遇到困苦、挫折和难题的时候，如果能够“不抱怨”，就能够对事物充分理性分析并深刻理解。充满抱怨的生活，最终伤害的只能是自己。当你充分地意识到抱怨是在生活中前进的一块绊脚石，也就意味着具备了自我激励、自我负责的能力。当具备这种能力后，不怨天尤人，才能不受命运的摆布。

有些人觉得时不时地发发牢骚有助于自己的情绪调节，可以通过发泄心中的负面情绪而使自己得到放松，使自己的心灵束缚得到释放。然而，抱怨从心理学的角度来说是一种病，这种行为会引起其他人的情绪共振，让抱怨这种负面情绪，形成一种氛围，这种方式既不能找到解决方案，还可能因此衍生出其他消极的心态和情绪，并成为不理智行为的导火索，导致不可挽回的结果发生。所以，我们要在人生前进的道路上，做一个不抱怨的人——遇到挫折时从容面对它，不抱怨、不责备、不放弃，继续努力；遭遇波折的时候泰然面对，不埋怨、不言弃、不找客观原因，不断完善自我；遭遇不公正待遇时，坦然接受，学会适应，并在奋斗中凸显自己的价值。

马克思曾说过：“一种美好的心情比十剂良药更能解除生理上的疲惫和痛

楚。”青少年时期是人生发展的关键时期，情绪波动范围大，思想还不成熟，容易产生心理上的变化，并对人生道路产生深远的影响。所以为了达到保持身心健康的目的，就必须保持健康和积极的情绪，学会用心灵的力量来抑制情绪冲动，及时疏导不良情绪，减轻心理压力。现在很多学生都背负着考试的沉重压力，与人沟通的渠道少，伴随这种现象出现的就是严重的心理问题和消极情绪，比如焦虑、失望、愤怒、嫉妒、心情郁闷等。如果不能及时地疏导内心的不良情绪，有可能产生心理和身体的疾病，对正常的学习生活造成影响。

导致青少年心理以及情绪问题产生的主要因素包括：学业的压力、人际交往不畅、青春期生理以及心理问题、困难承受以及适应性等。若想让青少年战胜自身的心理问题，并能调节身心、释放压力，就需要家长、老师、学校、社会加强培养青少年过硬的心理素质，通过合理的方式正确地引导他们能够拥有自我舒缓情绪、自我暗示和调节的能力，使他们形成不因为物质的富有而骄傲和狂喜，也不因为个人的失意潦倒而悲伤的良好心理素质。

5.3.2 抱怨的危害

神经学家在分析一些面对各类外界刺激或者时常抱怨的人的脑活动后，得出这样一条结论：大脑的某些行为与肌肉活动有异曲同工之处，倘若使其接受了很多的负面消极信息，很可能致使行为人按照消极和荒诞的方式行事。更糟的是，长时间生存在抱怨的环境和氛围会使人变得愚蠢和无知。

频繁处于悲观和颓废的情绪会深深危害青少年生理和心理的健康成长。它使人精力不能集中、斗争的意志崩溃、梦想被掩埋、信心遭到吞噬。具体来说表现在以下几个方面。

（1）经常抱怨不利于心理健康。

抱怨容易使大脑皮层处于一种无益于思维和头脑活动开展的状态，接受知识的行为被抑制，创造性更强的研究学习更是受到限制。长此以往，会引起紧张、抑郁、焦虑、孤独、敏感、多疑的情绪，甚至导致心理障碍，影响人们的健康。可以说青少年时期既是身心的巨变时期，也是心理疾病的易发期。要使青少年形成健康人格就需要摒弃抱怨的心理，保持积极心态。

（2）抱怨使人涣散精神、丧失理想。

青少年本应风华正茂，挥斥方遒，朝气蓬勃，充满理想和对未来的渴望，如春天般充满生命的活力。但在消极情绪中不能自拔时，他们往往变得冷漠，丧失了信仰，迷失了方向，失去了对未来的追求和渴望。

（3）抱怨会瓦解斗志，使人不思进取。

抱怨会像瘟疫，相互影响，相互感染。这将使人们丧失斗志、失去进取之心，让人感到绝望、颓废，并降低对自己的要求，安于现状，形成得过且过的生活方式。

（4）抱怨使人忘记理想和信念以及对生活的憧憬。

在消极的态度下，青少年往往对自己、对生活失去信心，怅惘迷茫，不知道未来的路怎么走。如果不能有效控制，不仅影响青少年学习生活，也会影响青少年的健康成长。

（5）抱怨使人对自己标准降低，不思进取，得过且过。

悲观颓废的心态最主要的表现就是缺少奋斗进取的精神，更有甚者自暴自弃。“六十分万岁，多一分浪费”就是这类型心态的典型体现。

（6）抱怨会使人“看破红尘”、迷失自我。

经常抱怨的人，在观察社会的时候会不自知地受到消极导向，产生认知障碍、认知偏差，有些自认为是愤世嫉俗，超脱于尘世，所以以玩乐的态度处世。自怨自艾，自甘堕落，结果迷失了自我，浪费珍贵的青春年华，更严重的走向犯罪的道路。目前，青少年犯罪率逐年上升。他们中很多人都是被抱怨而蒙蔽了理性的双眼，从而直接导致了认知的偏差，并由此产生逆反心理，最终产生反社会行为。所以，悲观颓废心态很有可能使人走向犯罪的道路，最后以害人害已告终。因此，抱怨是青少年健康成长之路的荆棘。

5.3.3 调节情绪，做一个不抱怨的人

抱怨说到底就是一个人拥有消极情绪的体现。一个人只有摆脱了消极情绪，做到积极乐观，才能够在遇到挫折时做到不抱怨，勇敢面对。

（1）保持良好心态，着眼健康积极人格的重塑。

“人之为学有难易乎，为之，则难者亦易矣；不为，则易者亦难矣。”失败理由迥异，成功的经验却很相似，不外乎都是刚毅的意志和勇往直前的信念。积极的心态是坚持这些的根基。不抱怨，才能塑造健康魅力的人格。我们的不快乐，是因为我们身未动心已远；我们的沮丧，是因为欲壑难填；我们总是根据客观世界去乐观的设想自己的境遇，现实却往往事与愿违。

想要幸福快乐其实很容易，珍惜当下便可；要满足其实也很简单，用平常心去接受现实就行。有魅力的人格表现在不拿别人的错误惩罚自己，而是反过来激励自己。面对不公，坦然接受，毕竟我们不能改变环境，只能保持良好的心态，提升自身修为，不断地改变自己、完善自己，以积极乐观的心态为人处世，以从容辩证的眼光审视世界，这是利人利己的美事。

(2）摆脱心灵的束缚，积极地生活，快乐地学习。

有束缚的雄鹰，永远不能翱翔天际。打破命运的枷锁，不要一味地追求成功和荣誉而忽略了路边的风景。抑制抱怨的心态，心灵的负担便卸下，生活也会越发惬意和舒然，学习也随之会变得轻松和有趣。

世上只存在三件事：与我有关的事、和我无关的事、老天的事。抱怨自己的人，应该学会接受并宽容自己；抱怨别人的人，应该尝试将抱怨转化为诉求；抱怨老天的人，请尝试使用祈祷的心态请求你的愿望。这样，你的生活会更加美好和完美。

让自己的心灵飞翔，让我们承担责任和义务的同时，学会举重若轻地享受。以积极乐观的态度去为人处世，努力工作，享受生活，你周围的人会被你的正能量感染而变得快乐，事业的成功和幸福的生活随之将会到来。

(3）将个人梦与中国梦相结合，传递正能量。

作为一名当代青少年，更应该学会“不抱怨”。

任何个人和团队的成功，一个重要的原因就是遇到困难不抱怨。抱怨没有任何力量，改变才能解决问题。放弃抱怨，相信自己。

当你因为升入中职而妄自菲薄，失去信心的时候；当你努力过后，成绩没有显著提高的时候；当你生活上遇到困难，走在人生十字路口怅然若失的时候，你应该传导一种积极的能量，学习如何“不抱怨”。在遇到挫折的时候，平心静气坦然面对，冷静思考对策，努力地克服解决；知道只要是你有梦想，并付诸行动，就有资格实现。不要找借口，迅速朝梦想前进。

当学习不顺利时，我们应该暂时放空自己，不要和别人比，和自己自身比，有时候成绩的提高不是一蹴而就，而是一个由量变到质变的过程。我们应该不断肯定自己，因为单从能够身体力行地投入到学习中，已经是巨大的进步和成就。

生活的不如意应该被视为一个难得的经历。生活有潮起潮落、彰显起伏的精彩。横看成岭侧成峰，换个观察角度就会有新的发现，换个心情就能重新上路，怨天尤人只能使自己沉沦而不可自拔。当你不再抱怨，你会惊奇地发现，心情会格外敞亮舒适，你会有精神和力量去面对各种生活的难题和困境。

（4）减少挫折感，防止消极心态的出现。

1）把握恰当的期待值。

产生消极心态的原因是人们的期望过高。当人们的期待值过高，就会产生欲壑难填的结果，自然而然就会产生失望的情绪，长此以往这种负面情绪就会导致消极的心态产生。因此，适当的期望值是防止消极心态产生的关键前提。尤其对于青少年而言，由于身心还处于懵懂期，思想和观念不够成熟，无法正确认识社会和把握自己，有时候会出现孤芳自赏和不自量力的情况，造成过分的自信进而导致自负，这就有可能使自己长时间处于一种愿望和目标没有达成而郁郁寡欢的状态，从而产生了悲观和颓废的消极心理。

期待是必须有的，但是期待值的确定一定要考虑主观和客观因素，即：我们投以期待的对象，最好是在现有的资源能够给予一定的辅助和支持的前提下，通过自己的努力和奋斗而可以实现和达到的，而不是提出违背实事求是原则以及可望而不可即的目标。

2）增强心理承受力。

影响青少年心态的要素是心理承受的能力和素质。心理素质强、个人素质高的人，可以做到宠辱不惊，得意坦然失意坦然。在顺境中，要保持冷静的思维和客观的态度，戒骄戒躁。否则，即使成功也将拉开失败的序幕。“骄兵必败”就是这个道理。在逆境中，不要抱怨，不要丧失信念，而是要不断总结经验教训，不断提升自己能力，争取取得更大的进步。正如格言所说：庸者认为失败是绊脚石，总是会退避三舍；智者认为失败是垫脚石，使人能更快进步。因此，心理素质的培养十分重要。事实上，许多在世界大赛中失败的著名运动员，他们并非败给技术和能力，而是败在心理素质。显而易见，脆弱的心理素质是人们成功的大敌。

3）摆正自我的位置。

正确看待自己，能使青少年合理地调整心态。有些青少年消极心态的产生是因为不能正确定位自己在社会、在集体或者对他人的作用和地位。

例如，一些学生自己学习不努力，因此大学无望或毕业后找不到理想的工作，却抱怨社会不给他更多的机会，指责父母没有能力，不能为他找到一份合适满意的工作，因此，自怨自艾，认为自己受到了极大的不公。还有一些学生争名逐利，不讲奉献只讲回报，否则，就觉得自己吃了大亏，心理失衡。更有的学生，在相处中自私自利，以自我为中心，从不设身处地为别人着想，当自己的利益受到侵犯，就会抱怨，甚至因此与他人产生争端。

以上的种种情况，都无法以积极向上的健康心态去学习工作和享受生活。只有充分正确地认识自己，摆正自己的位置，才能不计较个人得失，才能正确地看待奉献和回报，才能树立正确的人生观和价值观。

（5）变消极心态为积极心态。

在生活中，假使青少年在学习、人际、家庭关系等方面有心理困惑以至产生负面情绪，要学会化解和转化负面情绪，发掘自身的积极心态。青少年朋友可尝试以下几种方法：

1）情绪转移法。

当你因负面的情绪而消极、悲伤、颓废而不能自已的时候，可以尝试情绪转移法，暂时将注意力转移到你所感兴趣的事情上，从而求得精神片刻的安慰和平静，待可以冷静的面对现实、处理问题的时候，再以理性的眼光理清思绪，追根溯源，采取合理的应对措施。

例如有些学生由于考试失利而产生了厌学情绪，更出现厌食、失眠、抑郁的现象，注意力难以集中，记忆力减退，不仅影响进一步的学习，还影响正常的生活，更严重的是影响身心健康。还有些学生由于家庭的变故，一时无法接受残酷现实，也会导致上述症状的出现。这时，可以适当改变生活环境，让自己转换心情，积极主动摆脱消极心态。例如，可以去远游，去接触大自然，陶冶情操，在游玩中忘却所有的不快；也可以用音乐放松身心，让优美、柔和的旋律抚慰疲惫不堪的心；还可以参加各种聚会，让友谊的雨露冲刷内心久而不散的雾霾，等等。

情绪转移法对于舒缓心理压力、转化消极心态、化解消极情绪有重要的作用和意义，能够帮助迷失的人重新找回真实的自我。

2）心理宣泄法。

当人的心理承受能力达到一定界限的时候，人的精神和心理状态就会产生异变。因此，情绪低落、心态消极的时候，必须及时通过心理宣泄而重新让心态平衡，缓解压力，消除沮丧的情绪。常见的心理宣泄方法包括自我宣泄和求助于他人宣泄两种。

3）情感升华法。

这种方法强调的是将消极心态转化为积极心态，一言以蔽之就是“化悲痛为力量”，这就情感升华。当青少年产生负面情绪，必须要依靠坚强的意志走出阴影，争取情感的升华。在生活中有很多高考落榜者、家庭不幸者以及情场失意者，他们不甘沉沦，通过自己的不懈努力和奋斗，终于在学习上、事业上获得成功，实现了自己的人生价值。

4）自我安慰法。

自我安慰法是指人在有悲观和负面情绪的时候，找出各种客观理由为自己开脱，以使心理平衡、内心宽慰的方法。也就是找寻各种借口为自己的行为辩解，以舒缓内心的悔恨不安以及精神压力。

例如，一个学生很难摆脱在高考失败的阴影，就可以使用这个方法来找出不上大学仍然可以取得成功的例子，说服自己不断努力进取，领悟并践行“三百六十行，行行出状元”、“条条大路通罗马”的道理，以此减轻高考失败的挫折感，使自己具备重新启程的勇气和决心。

“不抱怨”让我们向着更好的自己去改变。相信自己的能力，脚踏实地，等待时机并抓住机遇，一切皆有可能！“看庭前花开花落，宠辱不惊；望天上云卷云舒，去留无意”。不做抱怨的奴隶，保持乐观平和的心态，努力学习，努力生活，做一个幸福的人！

拓展训练

（1）阅读威尔·鲍温的《不抱怨的世界》，选出其中你最喜爱的一句话，说明理由，可以分组讨论。

（2）从学完本节起，我们也加入“紫手环”运动（当然不一定是紫色的，只要是佩戴符合学生身份的手环或者手绳都可以）。方法如下（参照《不抱怨的世界》）：

1）开始将手环戴在一只手腕上。

2）当你发现自己正在抱怨、讲闲话或批评时，就把手环移到另一只手上，重新开始。

3）如果听到其他戴紫手环的人在抱怨，你可以指出他们应该把手环移到另一只手上；但如果要做这种事，你自己要先移动手环！因为你在抱怨他们抱怨。

4）坚持下去。可能要花好几个月，你才能达到连续21天不换手、不抱怨的目标。平均的成功时间是4～8个月。

还有，放轻松一点。我们所谈的，只是被“说”出来的抱怨、批评和闲话。如果是从你嘴里说出来的就算，要重新来过；如果是用想的，那就没有关系。不过你会发现，就连抱怨的想法，也会在这样的过程中消失殆尽。

我的感悟

结合本节内容，谈谈自己今后如何调节心理，减少“抱怨”。

名言警句

（1）子曰：“不怨天，不尤人，下学而上达，知我者其天乎？”

——孔子

（2）我未曾见过一个早起、勤奋、谨慎、诚实的人抱怨命运不好；良好的品格，优良的习惯，坚强的意志，是不会被假设所谓的命运击败。

——富兰克林

（3）只有把抱怨环境的心情，化为上进的力量，才是成功的保证。

——罗曼·罗兰

6 心理咨询基础

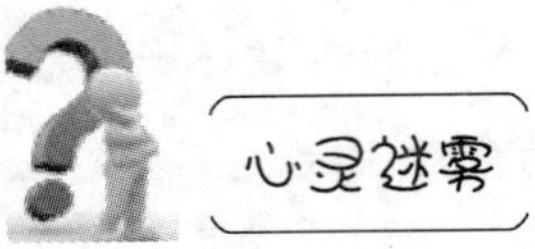

你知道吗？

人人都关心自己的健康，可是什么是健康？没有病就算健康吗？

有的学生在家里一切正常，可是一走进学校就感觉头晕，全身难受。坐在教室里，这种表现就更强烈。但一旦离开学校，马上就恢复正常。这是怎么回事呢？

有位同学经常表现出缺乏根据的欢欣喜悦，得意洋洋，说话时总是语音高昂，喜笑颜开，对一切都感到乐观，很感兴趣。这位同学是不是心理很健康呢？

世界卫生组织做过一项统计，世界上 20% ~30% 的人有不同程度的心理异常，有几亿人在日常生活中不同程度地依靠镇静药来维持。人人都关心自己的健康，都希望自己有一个强健的身体；人人都知道身体会生病，病了就去医院求医。但人们对心理健康却知之甚少，不知道心理上也会出问题，也不知道可以寻求心理咨询的帮助。那么，我们应该如何完整地理解健康的内涵，如何把握健康与心理健康的标准，如何认识心理咨询的内容呢？

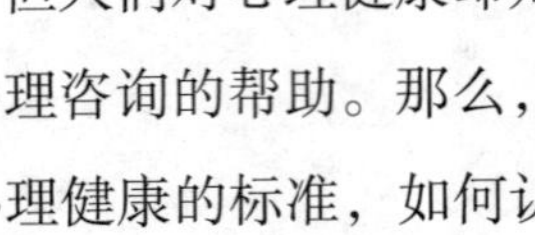

6.1 心理健康的内涵与标准

人类对健康概念的认识是随着社会的发展以及人类自身认识的深化而不断丰

富的。在生产力低下的时期，人们只关注如何适应和征服自然，维护自身的生存。随着生产力水平的提高，人类开始关心身体健康，防病治病的医学科学应运而生。历史发展到现代，人类对健康的认识又发生了飞跃，不再局限于生理机能的正常和疾病的减少。1948 年世界卫生组织（WHO）成立时，在宪章中把健康定义为“健康乃是一种生理、心理和社会适应完满的状态，而不仅仅是没有疾病和虚弱的状态。”从而形成了健康的生理、心理社会模式。

6.1.1 心理健康的含义

心理健康是完整健康概念的重要组成部分。国内外学者曾就心理健康的定义与内涵，从不同角度进行过多方面的阐述与探索。1946 年第三届国际心理卫生大会认为：“所谓心理健康，是指在身体、智能以及情感上与他人的心理健康不相矛盾的范围内，将个人心境发展成最佳的状态。”

实际上，我们可以从广义和狭义两种角度来定义心理健康。从广义上讲，心理健康是指一种高效而满意的、持续的心理状态。从狭义上讲，心理健康是指人的基本心理活动的过程内容完整、协调一致，即认识、情感、意志、行为、人格完整和协调，能顺应社会，与社会保持同步。

6.1.2 心理健康与心理不健康的区分

（1）心理不健康与有不健康的心理和行为表现不能等同。心理不健康是指一种持续的不良状态，偶尔出现一些不健康的心理和行为并不等于心理不健康，更不等于已患心理疾病。所以，不能仅从一时一事而简单地给自己或他人下心理不健康的结论。

（2）心理健康与不健康之间没有绝对的界限。从良好的心理健康状态到严重的心理疾病之间有一个广阔的过渡带。所以，在某些情况下心理健康与不健康主要是程度上的差异。

（3）心理健康的状态不是固定不变的，而是动态变化的过程。随着人的成长、经验的积累、环境的改变，心理健康状况也会有所改变。所以，我们所做的每一次判断只能反映某一段时间内的心理健康状态。

（4）心理健康的标准是一种理想尺度。它不仅为我们提供了衡量是否健康的标准，而且为我们指明了提高心理健康水平的努力方向。每个人都应追求心理健康和心理发展的最高层次，充分发挥自身的潜能，促进自己的全面发展。

1989 年，世界卫生组织将健康的定义修改为：“健康不仅仅是身体没有疾病，而且还要具备心理健康、社会适应良好、道德健康。”

世界卫生组织关于健康的 10 条标准是：有充沛的精力，能从容不迫地担负日常工作和生活的压力，而不感到过分紧张；态度积极，勇于承担责任，无论事情大小都不挑剔；精神饱满，情绪稳定，善于休息，睡眠良好；能适应外界环境的各种变化，应变能力强，自我控制能力强，善于排除干扰；体重适当，身体均匀，站立时，头、肩、臂的位置协调；眼睛炯炯有神，善于观察，眼睑不发炎；牙齿清洁，无空洞，无痛感，无出血现象，齿龈颜色正常；头发有光泽，无头屑；肌肉和皮肤有弹性，走路轻松匀称。

从世界卫生组织关于健康的标准可以看出，现代健康概念包含着生理健康、心理健康和社会适应三个方面的内涵。

著名的美国心理学家马斯洛和密特尔曼十分重视个体的人格完整及个体与环境之间的协调，他提出了心理健康的 10 项标准：有足够的自我安全感；能充分地了解自己，并能对自己的能力做出适当的评价；生活理想切合实际；不脱离周围现实环境，与周围环境保持良好的接触；能保持人格的完整与和谐；具备从经验中学习的能力；能保持良好的人际关系；能适度的发泄情绪和控制情绪；在符合集体要求的前提下，能有限度地发挥自己的个性；在不违背社会规范的前提下，能适当地满足个人基本的需要。

我国学者提出的心理健康标准，包括以下 8 个方面：了解自我，悦纳自我；接受他人，善与人处；热爱生活，乐于工作；面对现实，接受现实，适应现实，改变现实；能协调与控制情绪，心境良好；人格和谐完整；智力正常；心理行为符合年龄特征。

6.2 中职生心理咨询

心理咨询是增进心理健康的重要途径，是以维护心理健康状态为目标和内容的一种工作。

心理咨询工作是心理学为实践服务的一个重要领域。心理咨询是借助一种特殊的人际关系，运用心理学的理论、知识和方法，通过语言、文字及其他信息传递方式，给咨询对象以帮助、启发和指导的过程。

通过心理咨询，可以帮助咨询对象避免和消除不良心理因素的影响，并产生认知、情感和态度上的变化，解决在学习、生活等方面出现的各种疑难问题，从而更好地适应环境，发展自我，增进心理健康。

6.2.1 心理咨询的特征

（1）咨询必须建立一种特殊的人际关系，其特征是平等、理解、尊重、和谐、相互信任，这是促使咨询对象接受影响发生变化的最基本的心理气氛。

（2）咨询是在心理学有关理论指导下的活动，必须运用心理学的知识、方法和技术。

（3）咨询是对咨询对象进行帮助的过程，这种帮助需通过言语等手段来实施，而且用“过程”一词来表述也进一步表明帮助在时间上的延续性，同时也阐明了咨询的作用和根本目的。即帮助咨询对象发生积极的转变，解决面临的问题，摆脱困境，进而更好地适应环境，发展自我，增进心理健康。

6.2.2 中职生心理咨询的含义

中职生心理咨询，顾名思义，是指对中职生开展的心理咨询工作。它是心理咨询工作的一个重要方面，是由学校内的心理咨询教师对于前来求助的学生从心理上进行指导和帮助的活动。

老师根据前来求助的学生的具体情况，动用心理学知识和原理，通过与学生谈话、讨论等形式，在与学生建立相互信任、理解的良好的人际关系的基础上，帮助其发现自己的问题及根源，改变原有的认知结构和行为模式，提高学生处理学习和生活问题的能力，促进他们的发展与成长。

6.2.3 中职生心理咨询的类型

中职生心理咨询从其目标和内容上，可分为两种类型，即适应性咨询和发展性咨询。

6.2.3.1　适应性咨询

适应性咨询主要是针对青年学生在各个年龄阶段以及相应阶段的生活和学习中遇到的各种问题，结合他们的认识特点和行为特征，给他们提供一些必要的指导，帮助他们提高学习效率，处理好人际关系，学会自我心理调适，更好地处理因环境变化带来的各类问题，增强对环境和自我的适应能力，从而能够很好地解决面临的现实生活问题，很好地完成各个时期的学习任务。

适应性咨询具有以下几方面的特点：

（1）咨询的对象是身心发展正常，但带有一定的心理、行为问题的中职生。或者说，是“在适应方面发生困难的正常人”。

（2）心理咨询所着重处理或解决的问题，是中职生的正常需要与其现实状况之间的矛盾冲突。其大部分工作是在学生的认识水平上加以帮助，并不是要老师亲自帮助其直接解决问题，满足其需要，而是帮助他分析情况，提出合理解决的途径和办法。

（3）强调教育的原则，重视学生理性的作用，强调发掘利用其潜在积极因素，自己解决问题。对于环境的改善，也是在现有条件基础上提出改进意见。

（4）适应性咨询的工作侧重于学习指导、交往指导、生活指导等方面，解决在这些方面学生所遇到的各种心理问题，也涉及一些心理障碍方面的问题。

（5）适应性咨询伴随学生中学阶段的整个过程，要关注他们的身心状况，支持和帮助他们适应各年龄段的学校生活，指导他们完成各年龄段的自我发展任务。

6.2.3.2　发展性咨询

发展性咨询主要是指导学生确立正确的自我认知，特别是自我能力、素质方面的认知，帮助他们认识和开拓自身的潜能，不断突破自我的种种局限，实现全面而充分的发展。

发展性咨询的目标主要在于帮助中职生提高心理素质，健全人格，增强学生承受挫折、适应环境的能力。它针对中职生的心理特点，遵循人的认识发展规律，通过有针对性的教育和训练，帮助中职生培养起良好的心理素质，塑造健康完整的人格，成为适应现代社会需要的合格人才。

发展性咨询的特点为：

（1）咨询的对象是心理健康、身心发展正常的学生，但在发展方面仍有潜力可挖，仍有心理素质尚待完善。

（2）心理咨询所着重解决的问题，是引导学生在一个更新的层面上认识自我，开拓自我潜能。而这种潜能的开拓因为更具有突破自我认识局限性的特征，往往使学生在能力发展、信心重建等方面实现巨大的跃升，使自己得到更充分的发展。

（3）强调发展的原则。发展性咨询虽然也对学生的学习、适应、发展等问题给予指导与帮助，但更侧重在发展方面，即促进心理素质的发展。它对学生所做的一切工作，包括指导学生调节和控制情绪、改善精神状态、建立自我信心等，都是以青年学生能够更好、更充分的发展为目标的。

（4）发展性咨询是现代学校教育的一个重要组成部分，被纳入学校教育的总体目标和实施过程中，为学生的充分发展和成才提供强有力的保证。发展性咨询按预先制定的教育计划，安排一定的课程，学习有关知识，参加有关训练，有目的地开发心理潜能，提高心理素质。

作为中职生心理咨询的两大重要组成部分，适应性咨询主要解决学生与环境的协调问题（这里的环境包括主观环境和客观环境），而发展性咨询则致力于把学生的发展水平带到一个新的高度，它侧重于学生整体素质的提高。当然，二者彼此衔接，相互渗透，在实际的咨询工作中几乎是融合在一起的，只是在面对具体的咨询对象时，或是在选择咨询方式时，才视情形有所侧重。比如要解决适应性问题的时候，其目标是指向发展的，而要解决发展的问题，只有在良好适应的基础上才可能实现。所以在实际操作中，单一的适应性咨询和发展性咨询往往是不完整的，也难以真正取得良好的效果。因此，应将二者有机地联系在一起，形成整体优势。

［案例分析］让恐惧消失。

“我是一名职校二年级的学生，随家搬迁转到一所新学校。刚到校时，班级组织赛诗会，当时我想给老师、同学留下一个好印象，就报名参赛了。本来我准备得很不错，但上台后因情绪非常紧张，以致说话吞吞吐吐，引起同学哄堂大笑。从此，我见到同学心里就不是滋味，觉得他们还在笑话我。我在班级里与同学们几乎没讲过几句话，每次进教室前都犹豫不决，生怕同学注意我。发展到最近见到陌生人都害怕。”

这位同学正被恐惧的情绪所困扰。恐惧，严格地说，是因为担心某些特定事物、特殊环境或人际交往而产生的强烈紧张的内心体验，常见的形式有单纯性恐惧、场所恐惧和社交恐惧等。

恐惧情绪几乎每个人都体验过，只是程度不同而已。如果这种恐惧表现过分，或不应该、不合理，自己又难以克制，那就到了非克服不可的程度了。恐惧是能够克服的。首先要正确对待让你感到恐惧的事情。从上面那位同学的情况看，他自尊心很强，在各方面都严格要求自己，本来想表现一下，在同学面前留下良好的第一印象，但由于情绪紧张，结果砸锅了。其实，这件事大可不必放在心上，每个人都有出笑话的时候，无论是普通人还是声名显赫的人都会遇到这种窘境。所以，应该真真切切地告诉自己：别理他，过去的已经过去了，今天将是一个全新的自己！其次，对于比较严重的恐惧，如害怕见人，不敢大声说话等，可以采取系统脱敏法进行矫治。具体方法如下：

方法一：每天至少到人多的地方去一次，可以是下课时的操场、回家时路过的市场等，去的时候要看着别人的脸，不能低头，每次坚持半个小时。开始时你一定会非常恐慌，甚至全身出汗，但一定不能退缩，要咬牙坚持，可以反复默想暗示自己：“这没什么可怕，这种思想是不必要的。”“怕什么，我的眼睛很自然。或许他们以为我在找人呢！”“坚持住，明天我就敢在大庭广众之下抛头露面了。”通过训练，你会慢慢地发现：原来别人在交往中都是抬起头来的，相互用眼睛来接触，我看他们，他们也同样看我，并没有什么嘲讽的意味，我更没必要害怕。

方法二：每天朗读一段文章或几首诗词，至少 15 分钟，最初可单独进行，读顺后再到人多的地方读，并记录每次在人群中持续多长时间才能平静自己的情绪，多长时间才能在人前通顺地朗读或背诵文章诗词。起初你或许很紧张，甚至浑身打战、直冒冷汗，这都很正常，千万别放弃，一直坚持下去，最终就会敢在人群中讲话了。

这两种方法也可以同时并用，先实施第一种方法，再实施第二种，这样经过5周后，就会自然而然地敢见人，敢同别人谈话、讨论，也可以讲演背诵了。

消除恐惧的最好办法就是积极地去实践，去接触让你感到恐惧的事物，利用各种机会锻炼自己。上课时，如果老师提出问题，不妨勇敢地举起手。当你站起来感到紧张时，不妨先放松一下自己，即深吸一口气，然后迅速吐出，接着告诉自己“放松、放松”，再回答问题时就能够减少紧张和焦虑，恐惧也会随着消失了。

[操作指导]

为了更好地把握住心理咨询的内涵，我们需要在了解其特征的基础上，进一步明确中职生心理咨询的实质。这里我们借用美国《哲学百科全书》对心理咨询内涵的界定，来进一步把握心理咨询的特点：

（1）心理咨询主要着重于正常的学生；

（2）对学生的一生提供有效的帮助；

（3）强调学生个人的力量和价值；

（4）强调认知因素，尤其是理性在选择和决定中的作用；

（5）研究学生个人在制定总目标、计划以及扮演社会角色方面的个性差异；

（6）充分考虑情境和环境的因素，强调人对于环境资源的利用以及必要的改变环境。

6.3 艾利斯的理性情绪疗法

理性疗法（RET）是由美国心理学家阿尔伯特·艾利斯（Albert Ellis）于20世纪50年代创立的。理性情绪疗法的治疗整体模型是“ABCDE”，是在艾利斯的“ABC 理论”基础上建立的。

6.3.1 RET 对人本性的看法

艾利斯认为人兼有理性和非理性的思想，人既可以是有理性、合理性的，也可以是无理性、不合理的。当人们按照理性去思维、行动时，他们就会与他人建立亲密的关系，使自己在快乐中成长，并最终能达到自我实现的目标。当人们用不合理的、不合逻辑的思维去行动时，就会使他们逃避现实，缺乏忍耐，或苛求自己十全十美，或自怨自艾。如果个体陷入这种非理性的取向而不能自拔时，就会产生许多情绪、心理的困扰和适应不良。

艾利斯认为人类的思维、情绪和行为这三者是同时发生的，很少有人只有情绪而没有思想。他明确指出：当人有所感受时，他们同时思想和行动；当人有所行动时，他们同时思想和感受；当人有所思想时，他们同时行动和感受。所以艾利斯强调，为了更清楚地了解个体的情绪困扰和不适应行为，要首先了解个体是如何思想、感受以及如何领悟和行动的。

6.3.2 ABC 理论

ABC 来自三个英文词的字首。在 ABC 理论中，A 指诱发性事件；B 指个体在遇到诱发事件之后，对该事件的看法、解释和评价，即理念；C 指这事件后，个体的情绪及行为结果。通常人们都认为外部事件 A 直接引起了人们的情绪和行为反应 C，就是 A 引起了 C。但 RET 理论认为 A 不是引起 C 的原因，而是因为 A 产生之后，个体对此产生某种看法，做出某种解释和评价 B，由 B 才引起 C—人们的情绪与行为的反应。也就是说，B 是引起 C 的直接原因。换句话说，抑郁、焦虑、沮丧等情绪结果 C 并不是由所发生的事件 A 直接引起的，而是由想法 B 引起的。例如，一个孩子因父母分开（事件 A），他觉得父母都对不起他、不爱他了（观念 B1），于是自暴自弃，开始不听家长的话，逃学、离家出走（行为 C1），而另一个孩子也自从父母分开（事件 A）后，与母亲一起生活，觉得母亲不容易（观念 B2），从而开始不再像以前那样爱跟母亲争执，他认真学习，帮着母亲做家务，学习成绩稳步上升（行为 C2）。从这个实例可以看出，对待一些事物、事件的看法，第一个人可能持有“别人决不能不公正地对待我”的理念，第二个人可能持有“要设身处地地替他人着想”的理念。前者称之为不合理理念，后者称之为合理理念。合理理念会引起人们适当、适度的情绪反应；而不合理的理念则会导致不适当的情绪和行为反应，长此下去将最终导致情绪障碍和各种类型的神经症。

6.3.3 不合理信念的特征

（1）绝对化的要求。

绝对化要求是指人们以自己的意愿为出发点，对某一事物怀有认为其必定会发生或不会发生的信念，它通常与“必须”，“应该”这类字眼连在一起。如：“我必须获得成功”，“别人必须很好地对待我”，“生活应该是很容易的”等等。

怀有这样信念的人极易陷入情绪困扰中，因为客观事物的发生、发展都有其规律，是不以人的意志为转移的。就某个具体的人来说，他不可能在每一件事情上都获得成功；而对于某个个体来说，他周围的人和事物的表现和发展也不可能以他的意志为转移。因此，当某些事物的发生与其对事物的绝对化要求相悖时，他们就会受不了，感到难以接受、难以适应并陷入情绪困扰。

合理情绪疗法就是要帮助他们改变这种极端的思维方式，认识其绝对化要求的不合理、不现实之处，帮助他们学会以合理的方法去看待自己和周围的人与事物，以减少他们陷入情绪障碍的可能性。

（2）过分概括化。

这是一种以偏概全、以一概十的不合理思维方式的表现。一方面，表现为对自身的不合理评价。自己做错了一件事就认为自己一无是处，以某一件或几件事来评价自己的整体价值，其结果往往是导致自责自罪、自卑自弃，从而产生焦虑和抑郁等情绪。另一方面，表现为对他人的不合理评价。别人稍有一点对不住就认为他坏透了，完全否定他人，一味责备他人，从而产生敌意和愤怒等情绪。

按照艾利斯的观点，以一件事的成败来评价整个人的价值，是一种理智上的法西斯主义。他强调“评价一个人的行为，而不是去评价一个人。”因为在这个世界上，没有一个人可以达到完美无缺的境地，所以艾利斯指出，每一个人都应该接受自己和他人是有可能犯错误的人类的一员。

（3）糟糕至极。

这是一种认为如果一件不好的事发生了，将是非常可怕、非常糟糕，甚至是一场灾难的想法。这将导致个体陷入极端不良的情绪体验如耻辱、自责自罪、焦虑、悲观、抑郁的恶性循环之中，并且难以自拔。

糟糕就是不好、坏事了的意思。一个人讲什么事情都糟透了、糟极了的时候，对他来说往往意味着碰到的是最坏的事情，是一种灭顶之灾。艾利斯指出这是一种不合理的信念，因为对任何一件事情来说，都有可能发生比之更好的情形，没有任何一件事情可以定义为是百分之百糟透了的。一个人沿着这条思路想下去，认为遇到了百分之百的糟糕的事或比百分之百还糟的事情时，他就是把自己引向了极端的、负的不良情绪状态之中。

糟糕至极常常是与人们对自己、对他人及对周围环境的绝对化要求相联系而出现的，即在人们的绝对化要求中认为的“必须”和“应该”的事情并非像他们所想的那样发生时，他们就会感到无法接受这种现实，因而就会走向极端，认为事情已经糟到了极点。RET 认为非常糟的事情确实有可能发生，尽管有很多原因使我们可以不要发生这种事情，但没有任何理由说这些事情绝对不该发生。我们必须努力去接受现实，尽可能地去改变这种状况；在不可能时，则要学会在这种状况下生活下去。

[案例分析]　朋友之间就应该有求必应吗?

朋友、友谊是青少年人际交往的重要需要，害怕失去友谊是人之常情。“朋友之间就应该有求必应”的想法，是头脑中的“法西斯”——非理性观念。

……

来访者：朋友之间就应该有求必应。

咨询师：你的同学对你的要求是否都有求必应呢?

来访者：不是。

咨询师：那你怎么想他们的?

来访者：不够意思，小气，不能患难与共。

咨询师：那你对你的朋友是否有求必应呢？每一件事都是吗？仔细想想。

来访者：嗯，不是。

咨询师：哪件事情，自己能不能说说看?

来访者：她是我最好的一个朋友，7 月 4 日过生日，正是我们准备考试的那几天。她邀我和她一起过生日，还告诉我不用买东西。可我却忘了，那天她一个人过的生日。

咨询师：你是故意的吗？

来访者：当然不是，她是我最好的朋友，可我也不知道怎么就忘了。

咨询师：那么，事后她有没有责怪你，或与你的感情疏远了？

来访者：没有，她对我仍是那么好，知道我感冒了，还给我送了好大一个梨。而且这件事她从未提起过。

咨询师：那你现在怎么看这件事？

来访者：有她这样的好朋友真好，宽容、大度。

咨询师：那你怎么看自己，很小气？不能患难与共？

来访者：也不是，那天纯属无意。

咨询师：那么如果换成你，你还会责怪你的朋友吗？

来访者：不会了，她也会有其他的原因。并不是每件事我们都能想得周到，周围存在太多的偶然和意外。

咨询师：那现在你怎么看有求必应？

来访者：太苛求了，我自己都做不到，怎么能要求别人。

咨询师：对，这就是“己所不欲，勿施于人。”

6.4 森田疗法

6.4.1 森田正马和森田疗法

6.4.1.1 森田正马个人经历

森田正马（1874.01.18～1938.04.12），日本精神病学家和心理学家，森田疗法的创建者。他出生于日本高知县一个乡村家庭，因患肺炎逝于日本东京。

其父亲是小学教师，母亲是家庭妇女。父母两人的养育子女方式极不相同，父亲对子女要求严厉，母亲则十分溺爱和娇纵。他是家中长子，父亲对小森田更是寄予厚望，从很小就教他写字、读书，5 岁就送他上小学，一从小学回家，父亲便叫他读古文和史书。10 岁时，晚间如背不完书，父亲便不让他睡觉，这使森田渐渐地开始厌学、逃学、离家出走、留级。

森田正马在 7 岁时，祖母去世，其母亲因悲伤过度，曾一度陷入精神恍惚、默默不语的状态。接着第二年祖父又过世。正当家庭连遭不幸时，森田偶然在日本寺庙里看到了彩色地狱壁画——人死后下地狱的惨状，有的在上刀山，有的在下火坑，有的在进血池，等等。这些可怕的场面在森田幼小的心灵留下了深深的烙印。自那以后，他便时常受到死亡恐怖的袭击。这就是后来森田理论中关于“死的恐怖”一说的来源。读初中的时候，他曾陷入与此有关的求仙问佛、追求神秘奇迹之类空幻的憧憬之中，沉湎于各种迷信活动。

森田自幼体弱且有神经质倾向，12 岁时仍为夜尿症而苦恼，16 岁时患头痛病常常出现心动过速，容易疲劳。幼年时患夜尿症为了不弄湿被褥，总是铺着草席睡觉，却常有大人以此打趣他。因此他后来在自己的著作中写到“不要谴责孩子的夜尿症，越是谴责挖苦孩子，就会越恶化”。森田因有夜尿症而深感自卑，后来听说当地很有名望的板本龙马先生小时候也得过这种病，这才聊以自慰，心情稍微好了一点。在高中和大学初期，他经常神经衰弱，东京大学内科诊断为神经衰弱和脚气病，经常服药治疗。大学一年级时，父母因农忙，两个月忘记了给森田寄生活费，森田误以为是父母不支持他上学，感到很气愤，甚至想到当着父母的面自杀，后来暗下决心拼命地学习，要干出个样子来让家里人看看。在这时期他什么药也不吃，放弃一切治疗，只顾学习，考完试后，取得了想不到的好成绩，而他的脚气病和神经衰弱等症状不知不觉也消失了。自那以后，连头痛也不再复发。森田从这次经历中受到启发，并且毕业时立志从事精神卫生工作。在专门从事精神科工作之后，森田致力于寻找药物治疗神经质症的有效方法的研究。在 20 余年的努力后，他废弃了药物治疗、催眠等无效方法，采取说理、作业、生活疗法，提出了自己独特的心理治疗方法，该方法后来被他的学生称之为森田疗法。

6.4.1.2 神经症与神经质症

森田的高徒——高良武久博士认为，神经质症是神经症中的一种，森田疗法不可能治愈所有的神经症，只有神经质症才是森田疗法的真正适应症。在搞清楚神经质症之前，需要简单地介绍神经症的概念。神经症是没有器质性病变，而是由心理作用引起的精神或身体，或者二者兼而有之的一种功能性障碍，一般呈现慢性固着状态。

神经质症患者的症状带有极大的主观臆造性，由于患者的特殊的性格特点，他们会把一些人类生活中正常的身心变化敏感地夸大，因此会不遗余力地去消除它、压抑它，结果反而使这些感受被夸张和扭曲，并且被病态地固定下来。

任何由器质性病变产生的症状，如由脑瘤引起的头痛、由胃溃疡引起的胃部不适均不能算作神经症。神经质症是神经症中的一种，它的特点是患者具有某种症状，对患者的正常生活造成影响，患者本人有强烈的求治动机，有强烈的克服症状、想从症状中摆脱出来的欲望。如果对症状无疾病意识，没有寻求改变的强烈愿望，就不能看做是神经质症患者。

6.4.2 治疗原则

森田疗法的治疗原则可以用一句话概括："顺其自然，为所当为。"

6.4.2.1 顺其自然

（1）顺其自然就应该认识情绪、情感活动的规律，接受不安等情绪。

1）要顺应情绪、情感的自然发生、自然发展。情绪、情感过程一般构成山形曲线，一升一降最终消失。

2）如果情绪冲动得到满足，挫折可迅速平静、消失。

3）情绪随着对同一感觉的惯性，逐渐变得迟钝，直到无所感受。

4）情绪在某种刺激继续存在以及对此集中时，就会逐渐强化。

5）情绪、情感通过新的经验，经过多次反复，在逐步加深对它的体验中培养的。

（2）顺其自然，要认清症状产生和发展的规律，接受症状。

神经质症患者原本无任何身心异常，只是因为其疑病素质，将某种原本正常的感觉看成异常了，想排斥和控制这种感觉，使注意固着在这种感觉上，造成注意和感觉的相互加强，即形成精神交互作用，这是一种恶性循环。例如，对人恐惧症患者见人脸红，越怕脸红就越注意自己的表情，越注意越紧张，反而使自己脸红的感觉持续下去。相反，接受脸红的症状，带着"脸红就脸红吧，反正我没做亏心事"的态度与人交往，反而使自己不再注意这种感觉，破除了精神交互作用，从而使脸红的反应慢慢消退。

(3) 顺其自然，要认清主观与客观的规律，接受事物的客观规律。

破除思想矛盾就应该放弃徒劳的人为拙策，服从自然。想依靠人为的办法，任意支配自己的情绪，就如同使鸡毛上天、河水逆流一样，不仅不能如愿，还徒增烦恼。例如，恐惧、不安是常见的心理现象，非把它看成异常与之抗争，坚持认为自己就不该有不安等情绪，就是违反自然。

(4) 顺其自然，要认识精神活动的规律，接受个人头脑中出现的各种想法和观念。

神经质症患者常常认为自己应该有某种想法，不应该有某种想法，有了就不正常，不道德，即极端的完善欲造成了强烈的劣等感。顺其自然，就应该认识到“人非圣贤”这个事实，接受我们每个人都有可能存在邪念、嫉妒、狭隘之心的事实，认识到不好的思想在头脑中闪现，是精神活动中必然出现的事情，是一个人靠理智和意志不能改变的。

6.4.2.2 为所当为

森田疗法把与人相关的事物划分为可控事物和不可控事物两大类别。前者是通过个人的主观意志可以调控和改变的事物，后者是个人主观意志不能决定的事物。森田疗法要求学习顺其自然的态度不去控制不可控的事，如人的情感；但还要为所当为，即控制那些可以控制的事情，如人的行动。顺其自然并不是说对自己的一切活动都放任自流，无所作为，而是要患者一方面对自己的症状和不良情绪听之任之，另一方面要靠自己本来固有的上进心，努力去做应该做的事情。

6.4.3 森田式的生活态度

(1) 端正仪表。

美好的仪表与美的心灵相联系，外表衣冠整洁，有利于坚定意志。要振作精神摆脱内心痛苦和不安，焕发良好的情绪，首先要端正仪表。

(2) 勿长期休养。

神经质症患者不宜长期休养。长期休养，会使其更沉溺于对症状的痛苦体验和煎熬之中，从而使症状更加严重。

(3) 不急于求成。

人们遇到悲伤的事情，常常想尽快消除这种不愉快的情绪，这实际上想把不可能的事情变成现实，势必会陷入持续的心理冲突之中。既然对往事不能忘怀，就不要强行忘记，可以带着这种思绪积极地去做日常生活中需要做的工作。这样就会在不知不觉中使这种思绪逐渐淡漠，以致彻底消失，即使不完全消失，也不会再严重牵动我们的感情了。

（4）不做完美主义者。

希望尽善尽美，事实上是根本无法实现的。现实与愿望背道而驰，其结果是处于一种完善的理想与不完善的现实矛盾之中。

（5）要正视现实。

具有神经质症的人，往往以“病”为借口，逃避现实生活。他们每做一件事，都会想着我有病，这会成为治疗中的心理阻抗。

（6）勇于自信。

人们对于根本不可能实现的事，不会贸然行事。只有事先预见到通过自己的努力还有成功的希望时，才会付诸行动。有劣等感的人寻求尽善尽美，缺乏自信，做事犹豫不决，三思而不行，其结果将一事无成。

（7）使生活充实、丰富。

从事力所能及的劳动、工作，是预防和治疗神经质症患者的重要途径和可操作的措施。只有通过劳动、工作上的收获，才能体会生活的意义。例如，农民辛苦一年，秋后喜获丰收，才觉生活有滋有味。

附　　录

附录1　学校心理咨询室建设方案

（1）基础型心理咨询室。

基础型心理咨询室必须具备办公接待区（兼档案区）、沙盘游戏区、个别辅导区三个区域。

面积要求：$50m^2$ 左右（1 个教室大小）。

所需心理学产品配置：学生心理健康检测系统（包括心理档案系统）、心理学设备管理系统、团体心理辅导箱、艺术心理辅导箱、游戏心理辅导包、沙盘游戏成套设备、心灵加油站、放松椅、心理学专业用书、放松音乐光盘、心理学电影、心理学挂图等。

（2）标准型心理咨询室。

标准型心理咨询室包含办公接待室、个别辅导室、团体游戏室三个功能室，其中办公接待室仍然兼具档案区功能，个别辅导室可以兼具中控督导区、会议区功能。

面积要求：$100m^2$ 左右（2 个教室大小）。

所需心理学产品配置：学生心理健康检测系统（包括心理档案系统）、心理学设备管理系统、团体心理辅导箱、艺术心理辅导箱、游戏心理辅导包、沙盘游戏成套设备、心灵加油站、感觉统合玩具（小学）、潜能检测仪、放松椅、涂鸦墙、宣泄球、心理剧舞台、心理学专业用书、放松音乐光盘、心理学电影、心理学挂图等。

（3）高级型心理咨询室。

高级型心理咨询室在基础型、标准型心理咨询室架构的基础上，还可以设置社团生涯区、潜能开发区、中控督导区、艺术放松区、情绪疏导区等区域。这些区域也可以单独建室。如果单独建室，则可称为心理咨询中心。

面积要求：300m^2 左右（6 个教室大小）。

所需心理学产品配置：学生心理健康检测系统（包括心理档案系统）、心理学设备管理系统、心理素质训练系统、团体心理辅导箱、艺术心理辅导箱、游戏心理辅导包、沙盘游戏成套设备、心灵加油站、多元智能训练设备、思维导图训练设备、益智玩具、室内拓展器材、感觉统合玩具（小学）、潜能检测仪、心理学专用仪器、放松椅、涂鸦墙、宣泄球、哈哈镜、心理剧舞台、心理学专业用书、放松音乐光盘、心理学电影、心理学挂图、心理信箱等。

附录2　四种气质类型测试

气质类型是一类人身上共有的或相似的气质特点和典型结合，它是一群人区别于另一群人的标志之一。来测测你的气质类型吧！

一、题目

（1）做事力求稳妥，一般不做无把握的事。

（2）遇到可气的事就怒不可遏，想把心里话全说出来才痛快。

（3）宁可一个人干事，不愿很多人在一起。

（4）到一个新环境很快就能适应。

（5）厌恶那些强烈的刺激，如尖叫、噪声、危险镜头等。

（6）和别人争吵时总是先发制人，喜欢挑衅别人。

（7）喜欢安静的环境。

（8）善于和别人交往。

（9）是那种善于克制自己感情的人。

（10）生活有规律，很少违反作息制度。

（11）在多数情况下，情绪是乐观的。

（12）碰到陌生人觉着很拘束。

（13）遇到令人气愤的事，能很好地自我克制。

（14）做事总是有旺盛的精力。

（15）遇到事情总是举棋不定，优柔寡断。

（16）在人群中从不觉得过分拘束。

（17）情绪高昂时，觉着干什么都有趣；情绪低落时，又觉得干什么都没意思。

（18）当注意力集中于一事物时，别的事很难使自己分心。

（19）理解问题总比别人快。

（20）碰到问题总有一种极度恐惧感。

（21）对学习、工作怀有很高热情。

（22）能够长时间做枯燥单调的工作。

（23）符合兴趣的事情，干起来劲头十足；否则，就不想干。

（24）一点小事就能引起情绪波动。

（25）讨厌那种需要耐心细致的工作。

（26）与人交往不卑不亢。

（27）喜欢参加热闹的活动。

（28）爱看感情细腻、描写人物内心活动的文艺作品。

（29）工作学习时间长了，常感到厌倦。

（30）不喜欢长时间谈论一个问题。

（31）愿意侃侃而谈，不愿窃窃私语。

（32）别人总是说自己闷闷不乐。

（33）理解问题常比别人慢些。

（34）疲倦时只要短暂休息就能精神抖擞，重新投入工作。

（35）心里有话，宁愿自己想，不愿说出来。

（36）认准一个目标，就希望尽快实现，不达目的，誓不罢休。

（37）学习或工作同样一段时间后，常比别人更疲倦。

（38）做事有些莽撞，不考虑后果。

（39）老师或他人讲授新知识、技术时总希望他讲得慢些多重复几遍。

（40）能够很快忘记那些不愉快的事情。

（41）做作业或完成一项工作总比别人花时间多。

（42）喜欢运动量大的剧烈体育活动，或者参加文艺活动。

（43）不能很快地把注意力从一件事情上转移到另一件事情上去。

（44）接受一个任务后，就希望把它迅速解决。

（45）认为墨守成规比冒险些强。

（46）能够同时注意几件事物。

（47）当烦恼时，别人很难使自己高兴起来。

（48）爱看情节起伏跌宕、激动人心的小说。

（49）对工作认真严谨，有始终一贯的态度。

（50）和周围人的关系总是相处不好。

（51）喜欢复习学过的知识，重复做熟练的工作。

（52）喜欢做变化大、花样多的工作。

（53）小时候会背的诗歌，似乎比别人记得清楚。

（54）别人说自己“出语伤人”，可自己并不觉得。

（55）在体育活动中，常因反应慢而落后。

（56）反应敏捷，头脑机智。

（57）喜欢有条理而不甚麻烦的工作。

（58）兴奋的事常使自己失眠。

（59）老师讲新概念，常常听不懂，但弄懂以后就很难忘记。

（60）假如工作枯燥，马上就会情绪低落。

二、得分情况

在回答问题时，很符合自己情况记2分，较符合记1分，一般（既符合又不符合）记0分，较不符合记－1分，很不符合记－2分，并把各个类型得分分别计算出来。

胆汁质 2 6 9 14 17 21 27 31 36 38 42 48 50 54 58 总分 （　）

多血质 4 8 11 16 19 23 25 29 34 40 44 46 52 56 60 总分（　）

黏液质 1 7 10 13 18 22 26 30 33 39 43 45 49 55 57 总分（　）

抑郁质 3 5 12 15 20 24 28 32 35 37 41 47 51 53 59 总分（　）

如果某一项，或两项的得分超过20，则为典型的该气质。

如果某一项，或两项的得分在20分以下，10分以上，其他各项分数较低，则为该项一般气质。

若各项得分均在10分以下，但某项或几项得分较其余几项为高（相差5分以上），则为略倾向于该气质，（或几项的混合），如略偏黏液质型、多血质-胆汁混合型，其余类推。一般来说，分值越高，表明该气质越明显；反之，分值越低越负，表明越不具备该项气质特征。

附录3　比奈-西蒙智力测验

被试编号：　　　　　　年龄：　　　　　　性别：

教育水平：　　　　　　职业：　　　　　　身体状况：

完成时间：45 分钟内

一、指导语

你必须在 45 分钟内完成全部 60 个题目，一定不要超过时间。

不要在一个题目上耽搁太久，如果回答不出，就猜一个答案。猜错不扣分。不要留下未回答的题目。

如果一个题目看起来有一个以上的正确答案或没有正确答案，选一个你认为最好的答案。这些题目是为了测验你的思考力而有意设计的。

二、智力测验（11 岁以上儿童和成人）

（1）五个答案中哪一个是最好的类比？

工工人人人工人人工对于 221112112 相当于工工人人工人人工对于

A. 221221122　B. 22112122　C. 22112112　D. 112212211　E. 212211212

（2）找出与众不同的一个。

A. 铝　B. 锡　C. 钢　D. 铁　E. 铜

（3）五个答案中哪一个是最好的类比？

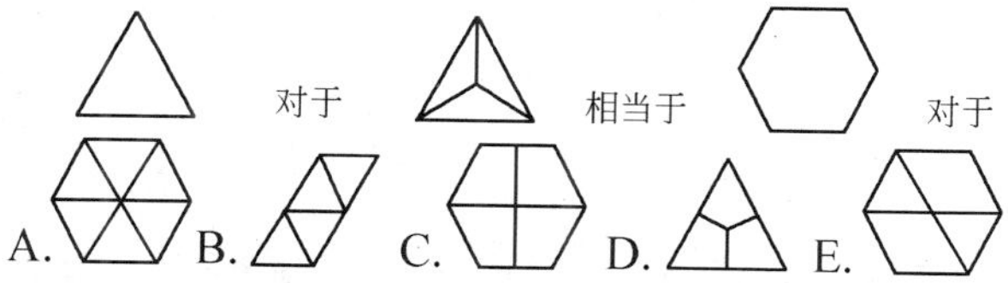

（4）找出与众不同的一个。

A. N　B. A　C. V　D. H　E. F

（5）全班学生排成一行，从左数和从右数小明都是第 15 名，问全班共有学生多少人?

A. 15 人　　B. 25 人　　C. 29 人　　D. 30 人　　E. 31 人

(6) 一个立方体的六面，分别写着 A、B、C、D、E、F 六个字母。根据以下四张图，推测 B 的对面是什么字母。

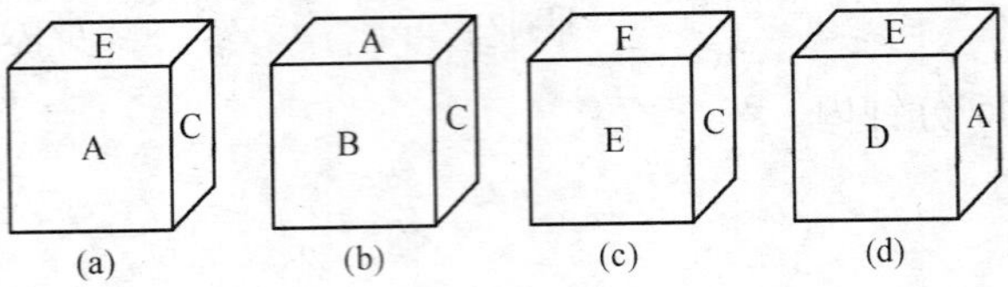

(7) 找出与“确信”意义相同或意义最相近的词。

A. 正确　　B. 明确　　C. 信心　　D. 肯定　　E. 真实

(8) 五个答案中哪一个是最好的类比?

脚对于手相当于腿对于

A. 肘　　B. 膝　　C. 脚趾　　D. 手指　　E. 臂

(9) 五个答案中哪一个是最好的类比?

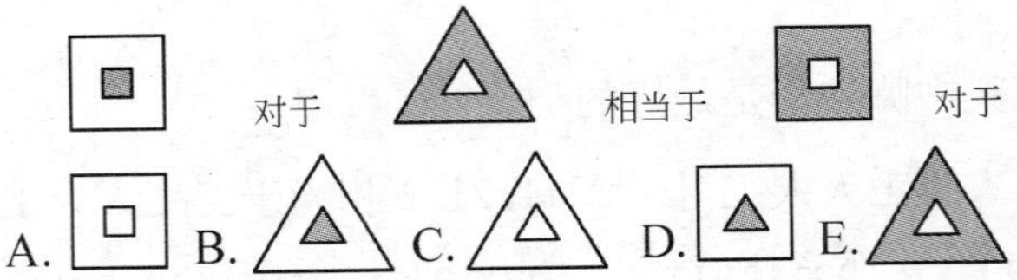

(10) 如果所有的甲都是乙，没有一个乙是丙，那么，“一定没有一个丙是甲”。这句话是:

A. 对的　　B. 错的　　C. 既不对也不错

(11) 找出下列数字中特殊的一个。

1　　3　　5　　7　　11　　13　　15　　17

(12) 找出与众不同的一个。

A. **D**　　B. **G**　　C. **C**　　D. **P**　　E. **R**

(13) 小明比小强大，小红比小明小。下列陈述中哪一句最正确?

A. 小红比小强大

B. 小红比小强小

C. 小红与小强一样大

D. 无法确定小红与小强谁大

（14）找出与众不同的一个。

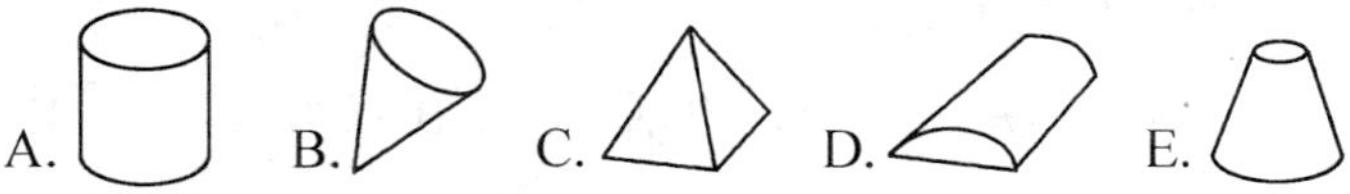

（15）五个答案中哪一个是最好的类比？

“预杉”对于“须杼”相当于8326对于

A. 2368　　B. 6283　　C. 2683　　D. 6328　　E. 3628

（16）小明有12枚硬币，共3角6分钱。其中有5枚硬币是一样的，那么这五枚一定是：

A. 1分的　　B. 2分的　　C. 5分的

（17）找出与众不同的一个。

A. 公里　　B. 英寸　　C. 亩　　D. 丈　　E. 米

（18）经过破译敌人密码，已经知道了“香蕉苹果大鸭梨”的意思是“星期三秘密进攻”，“苹果甘蔗水蜜桃”的意思是“执行秘密计划”，“广柑香蕉西红柿”的意思是“星期三的胜利属于我们”，那么，“大鸭梨”的意思是：

A. 秘密　　B. 星期三　　C. 进攻　　D. 执行　　E. 计划

（19）五个答案中哪个是最好的类比？

爱对于恨相当于英勇对于

A. 士气　　B. 安全　　C. 怯懦　　D. 愤怒　　E. 恐怖

（20）一本书的价格降低了50%。现在，如果按原价出售，提高了百分之几？

A. 25%　　B. 50%　　C. 75%　　D. 100%　　E. 200%

（21）五个答案中哪一个是最好的类比？

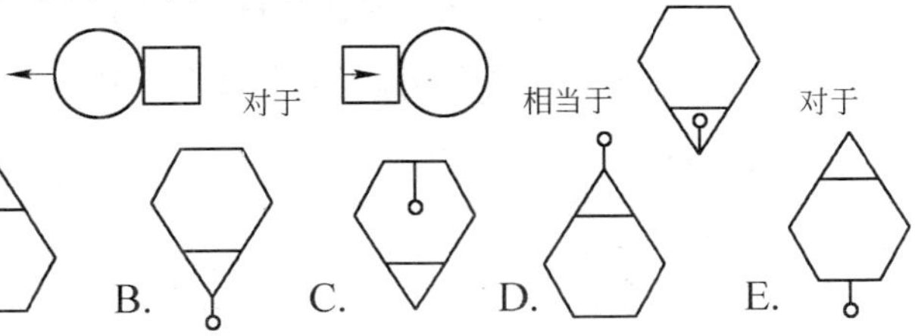

（22）找出与众不同的一个。

A. 南瓜　　B. 葡萄　　C. 黄瓜　　D. 玉米　　E. 豌豆

（23）从五个答案中找出最好的类比。

水对于龙头相当于电对于

A. 光线　　B. 开关　　C. 电话　　D. 危险　　E. 电线

（24）打满水缸要 11 桶水。王林每次只能提两桶水，要打满水缸他需要走几趟？

A. 5　　B. 5.5　　C. 6　　D. 6.5　　E. 7

（25）五个答案中哪个是最好的类比？

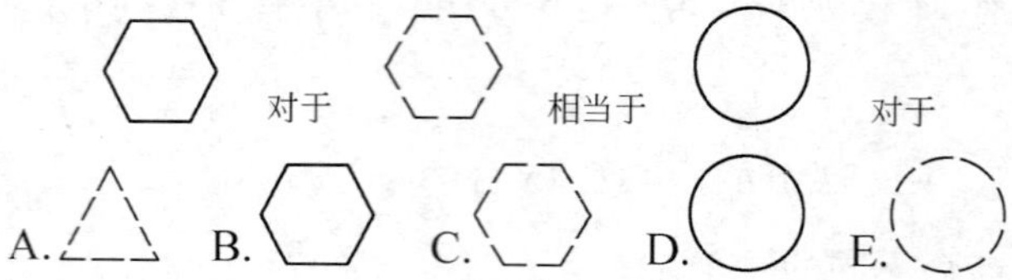

（26）如果所有的甲都是乙，所有的乙都是丙，那么，一定所有的甲都是丙。这句话是

A. 对的　　B. 错的　　C. 既不对也不错

（27）哪一个盒子是用下边这张硬纸折成的？

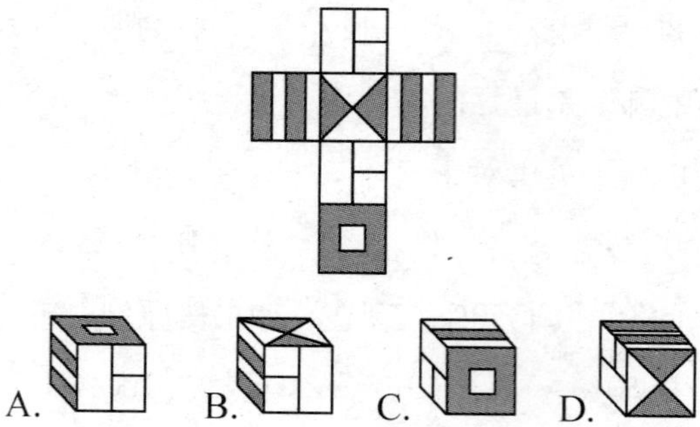

（28）小张、小李、小王、小刘共买苹果 144 个。小张买的苹果比小李多 10 个，比小王多 26 个，比小刘多 32 个。小张买了多少个苹果？

A. 73　　B. 63　　C. 53　　D. 43　　E. 27

（29）找出与众不同的一个。

A. 触　　B. 视　　C. 听　　D. 吃　　E. 嗅

（30）五个答案中哪个是最好的类比？

女儿对于父亲相当于侄女对于

A. 侄子　　B. 表兄　　C. 叔叔　　D. 母亲　　E. 哥哥

（31）找出与众不同的一个。

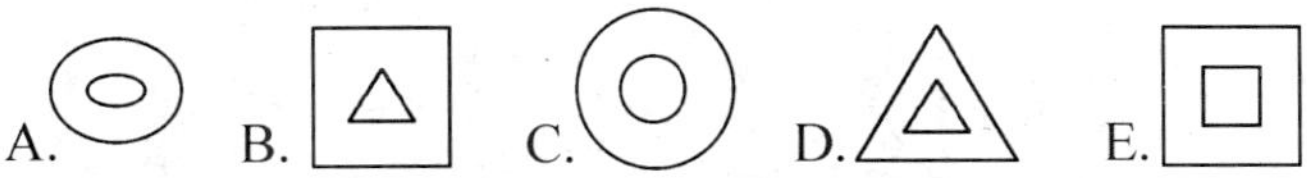

（32）找出下列数字中多余的一个。

4　5　8　10　11　16　19　32　36

（33）五个答案中哪个是最好的类比？

皮对于树相当于鳞对于

A. 鳃　　B. 大海　　C. 渔夫　　D. 鱼　　E. 鳍

（34）找出与众不同的一个。

A. 鸡　　B. 鸽　　C. 鸭　　D. 鹤　　E. 鹅

（35）樱桃对于红相当于牛奶对于

A. 湿　　B. 冷　　C. 白　　D. 甜　　E. 熟

（36）火车守车（车尾）长 6.4 米；机车的长度等于守车的长加上半节车厢的长。车厢长度等于守车长加上机车长。火车的机车、车厢、守车共长多少米？

A. 25.6 米　　B. 36 米　　C. 51.2 米　　D. 64.4 米　　E. 76.2 米

（37）找出与众不同的一个。

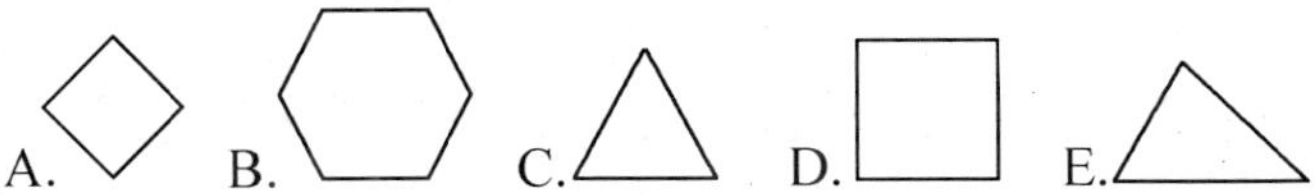

（38）在括号中填一字，使这字与括号外面的字分别组成两个字：

古（　）巴

（39）哥哥今年 15 岁，他的年龄是妹妹年龄的 3 倍。当哥哥的年龄是妹妹年龄 2 倍时，哥哥几岁？

A. 18　　B. 20　　C. 24　　D. 26　　E. 30

（40）五个答案中哪个是最好的类比？

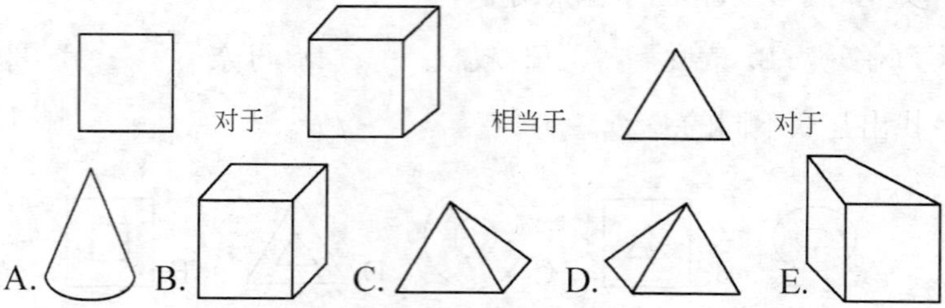

（41）五个答案中哪个是最好的类比？

角对于元相当于小时对于

A. 分　　B. 秒　　C. 月　　D. 日　　E. 钟

（42）五个答案中哪一个是最好的类比？

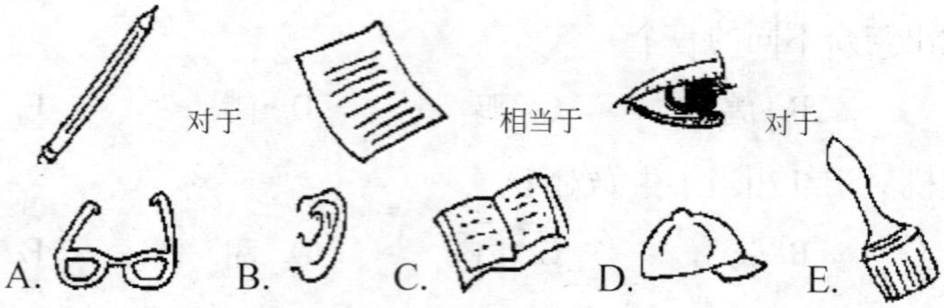

（43）如果把这个大立方体的六个面全部涂上黑色，然后按图中虚线把它切成36个小方块，两面有黑色的小方块有多少个？

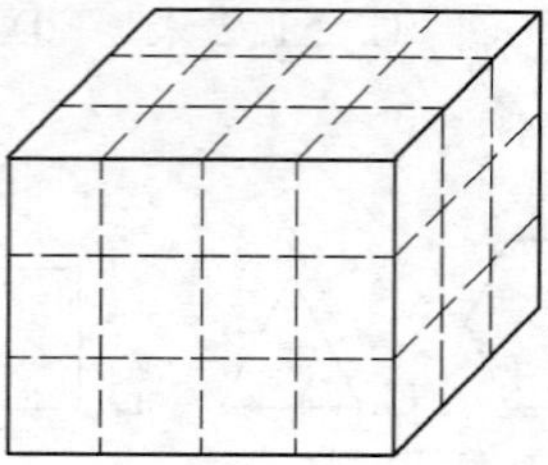

A. 8　　B. 10　　C. 12　　D. 16　　E. 20

（44）从A、B、C、D中选出一个合适的图案填在下边的问号处。

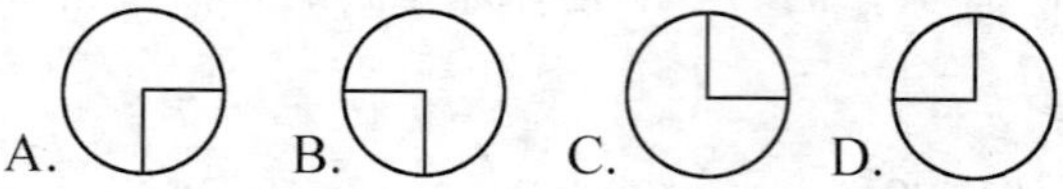

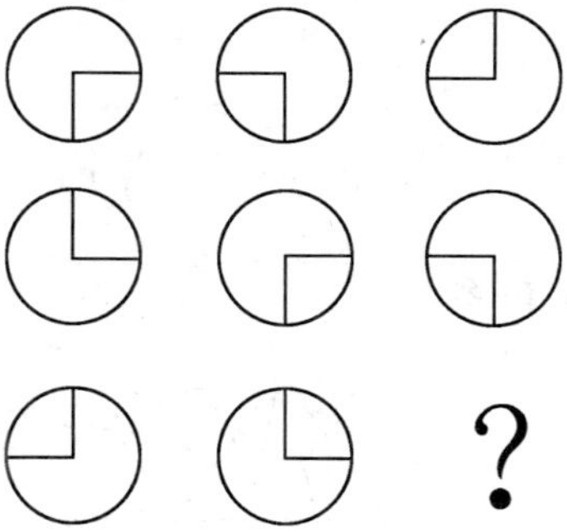

（45）五个答案中哪个是最好的类比？

汽油对于汽车相当于食物对于

A. 嘴　　B. 胃　　C. 吃　　D. 人　　E. 牙

（46）找出与众不同的一个。

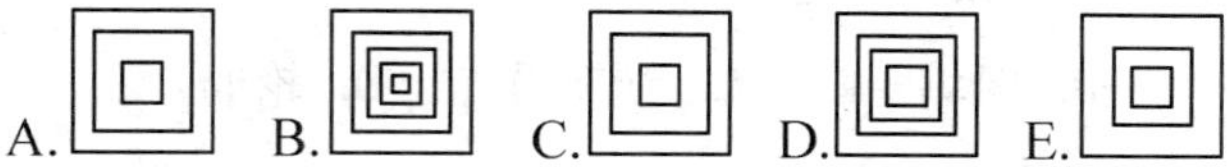

（47）找出与众不同的一个。

A. 南昌　　B. 西安　　C. 郑州　　D. 哈尔滨　　E. 昆明

（48）如果有些甲是乙，所有的丙都是乙，那么，一定有些甲是丙。这句话是：

A. 对的　　B. 错的　　C. 既不对也不错

（49）五个答案中哪一个是最好的类比？

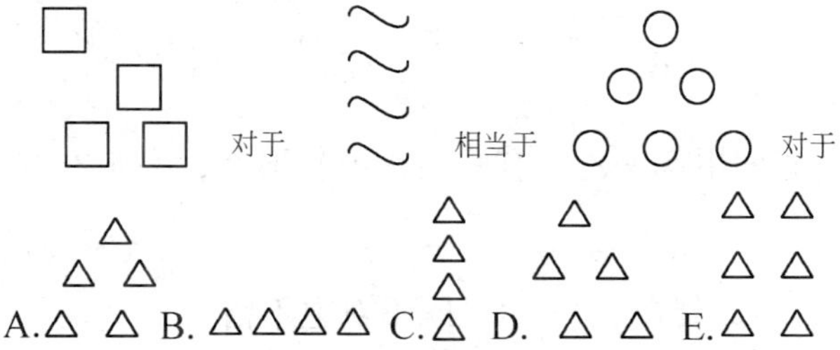

（50）图中阴影部分占总面积百分之几？

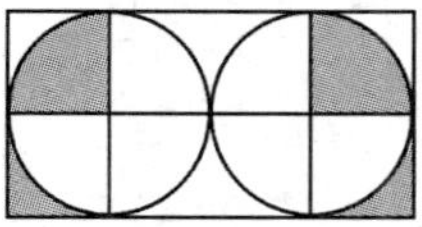

A. 20%　　B. 25%　　C. 30%　　D. 35%　　E. 40%

（51）找出与众不同的一个。

A. 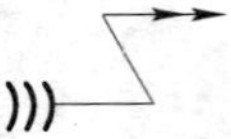 B. 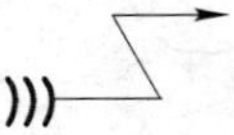 C. 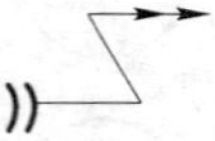 D. 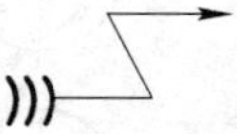 E. 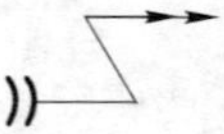

（52）数数有多少个三角形。

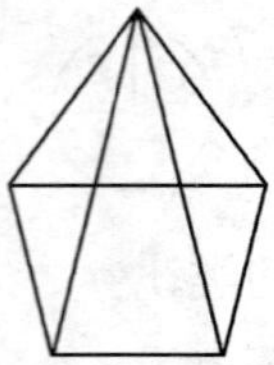

A. 5　B. 7　C. 9　D. 11　E. 13

（53）五个答案中哪个是最好的类比？

车站对于火车相当于港口对于

A. 起重机　B. 船坞　C. 领航员　D. 轮船　E. 旅行

（54）找出与众不同的一个。

A.  B.  C.  D.  E. 

（55）找出与众不同的一个。

A.  B.  C.  D.  E. 

（56）如果所有的甲都是乙，有些乙是丙，那么，一定有些甲是丙。这一陈述是：

A. 对的　B. 错的　C. 既不对也不错

（57）找出与众不同的一个。

A. 画家　B. 排球运动员　C. 播音员　D. 舞蹈演员　E. 化妆师

（58）哪个图形与众不同？

A. 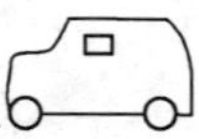 B. 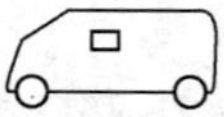 C. 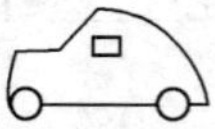 D.  E. 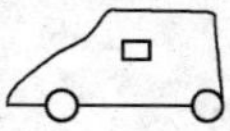

（59）找出与众不同的一个。

A. 水　　B. 太阳　　C. 汽油　　D. 风　　E. 水泥

（60）六个选项中哪个放在下面的问号处最合适？

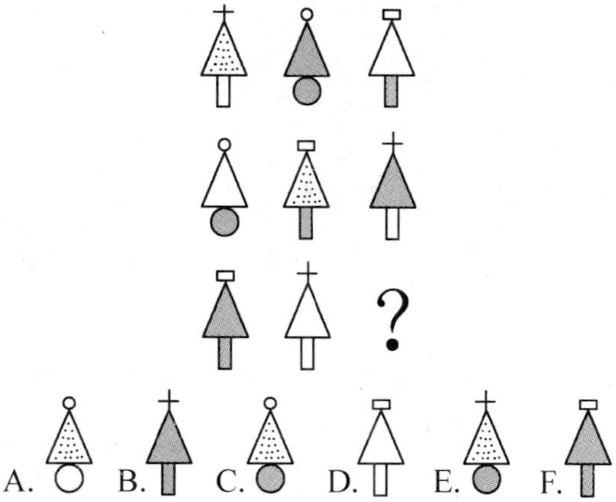

三、答案与解释

（1）C，工 =2，人 =1。

（2）C，钢是合金，而其他是纯金属。

（3）A，都是顶角平分线交于一点并将多边形等分。

（4）C，只有 C 是由两条直线组成，其他均由三条直线组成。

（5）C，高于小明的 14 人，低于小明的 14 人，加上小明自己共 29 人。

（6）E，从图（b）可知，B 的对面就是 A 的尖头所指的方向，从图（a）可知其为 E。

（7）D，“确信”与“肯定”意义最相近。

（8）E，脚和手分别与腿和臂相连。

（9）B，正方形变为三角形，阴影与亮处对换。

（10）A，例如：所有的狗都是动物，没有动物是植物，那么，没有植物是狗。

（11）15，除 15 外均为质数。

（12）C，除 C 外，其他均由直线和曲线组成，而 C 只有曲线。

（13）D，我们仅仅知道小红和小强均比小明小。

（14）C，仅 C 完全由直线构成，而其他则由直线和曲线构成。

（15）D，予 =8，页 =3，木 =2，彡=6。

（16）C，5 分的 5 枚，2 分的 4 枚，1 分的 3 枚是唯一解。

（17）C，亩是面积单位，而其他均为长度单位。

（18）C，香蕉：星期三，苹果：秘密，大鸭梨：进攻。

（19）C，爱是恨的反义词，英勇是怯懦的反义词。

（20）D，例如，原价 20 元，降价 50% 为 10 元，要按原价出售，需提高 100% 才为 20 元。

（21）E，几何图形对换了位置，“尾巴”保持在原来的一侧但是改变了指向。

（22）D，除玉米外，其他均长在藤蔓上。

（23）B，龙头控制水的流止，开关控制电的流止。

（24）C，为打第 11 桶还需走一趟。

（25）E，图形不变，仅实线变成虚线。

（26）A，例如，如果所有的狗都是哺乳动物，所有的哺乳动物都是动物，那么，一定所有的狗都是动物。

（27）D，如果看不出来，可以亲手制作。

（28）C，小张 53 个，小李 43 个，小王 27 个，小刘 21 个。53 + 43 + 27 + 21 = 144

（29）D，除 D 外均为感觉。

（30）C，叔叔和侄女是父女关系。

（31）B，除 B 外，大小图形均一样。

（32）11，消去 11 以后，所余部分是两个互相交错的数列。

（33）D，树皮覆盖在树表面，鱼鳞覆盖在鱼表面。

（34）D，除鹤以外，均为家中饲养的禽类。

（35）C，红是樱桃的颜色，白是牛奶的颜色。

（36）C，机车长 = 19. 2 米；车厢长 = 6. 4 米 + 19. 2 米 = 25. 6 米；总长 = 6. 4

米 +19.2 米 +25.6 米 =51.2 米。

（37）E，除 E 外，均为正多边形。

（38）月，分别组成“胡”和“肥”字。

（39）B，哥哥 20 岁时，妹妹 10 岁。

（40）C，从偏左侧看，正方形是正方体的前面，三角形是三棱锥体的前面。

（41）D，角是元的低级量度单位，小时是日的低级量度单位。

（42）C，人用笔来写作，用眼来看书。

（43）D，前后各 6 个，左右各 2 个。

（44）A。

（45）D，汽油是汽车的能源，食物是人的能源。

（46）B，除 B 外，方框的个数均是奇数。

（47）D，除 D 外，均由两个字组成。

（48）B，例如，如果有些汽车是白色的，雪全是白色的，那么，一定有些汽车是雪。

（49）E，都变成同样数目的不同图形。

（50）B。

（51）A，除 A 外，其余的两两成对。

（52）D。

（53）D，车站是火车的装货地点，港口是船的装货地点。

（54）B，除 B 外，其余均是容器。

（55）C，“ + ”是数学运算的符号，而其他均表示数学关系。

（56）B，例如：如果所有的猫均是动物，有些动物是狗，那么，一定有些猫是狗。

（57）C，除 C 外，均通过肢体运动来工作，而播音员通过语言来工作。

（58）A，B、C、D、E 均由两个圆、一个长方形、一条弧线和四条直线组成，A 多一条直线。

（59）E，其他均可作为能源。

（60）C。

四、分析：左右脑能力

测左脑功能：1、2、5、7、8、10、11、13、16、17、18、19、20、23、24、26、28、29、30、32、33、34、36、38、39、41、45、47、48、53、55、56、57、59

测右脑功能：3、4、6、9、12、14、15、21、22、25、27、31、35、37、40、42、43、44、46、49、50、51、52、54、58、60

如果在未正确回答的题目中左脑型和右脑型的题目数量差不多，那么，说明两半球脑功能比较平衡。

如果在未正确回答的题目中右脑型的题目数量比较多，那么，可能是一个左脑型思维者，倾向于通过左脑思维来解决问题。

如果在未正确回答的题目中左脑型的题目数量比较多，那么，可能是一个右脑型思维者。

计算你猜对的题目数。这些题目是靠直觉思维完成的，是右脑功能的反映。如果这种猜对的题目的数量比较多，那么很可能不是胡乱猜对的，而是右脑直觉思维功能储存在左脑潜意识中的有用信息相互作用的结果。

五、计分表

表1　计分表

年龄	11	12	13	14	15	16岁以上（成人）	I. Q.
	8	10	13	15	17	19	80
	9	11	14	16	18	20	82
	10	12	15	17	19	21	84
	11	13	16	18	20	22	86
	12	14	17	19	21	23	88
	13	15	18	20	22	24	90
	14	16	19	21	23	25	92
	15	17	20	22	24	23	94

续表1

年龄	11	12	13	14	15	16岁以上（成人）	I. Q.
	16	18	21	23	25	27	96
	17	19	22	24	26	28	98
	18	20	23	25	27	29	100
	19	21	24	26	28	30	102
	20	22	25	27	29	31	104
	21	23	26	28	30	32	106
	22	24	27	29	31	33	108
	23	25	28	30	32	34	110
	24	26	29	31	33	35	112
	25	27	30	32	34	36	114
	26	28	31	33	35	37	116
	27	29	32	34	36	38	118
	28	30	33	35	37	39	120
	29	31	34	36	38	40	122
	30	32	35	37	39	41	124
	31	33	36	38	40	42	126
	32	34	37	39	41	43	128
	33	35	38	40	42	44	130
	34	36	39	41	43	45	132
	35	37	40	42	44	46	134
	36	38	41	43	45	47	136
	37	39	42	44	46	48	138
	38	40	43	45	47	49	140
	39	41	44	46	48	50	142
	40	42	45	47	49	51	144
	41	43	46	48	50	52	146
	42	44	47	49	51	53	148
	43	45	48	50	52	54	150
	44	46	49	51	53	55	154
	45	47	50	52	54	56	158
	46	48	51	53	55	57	160

参 考 文 献

[1] 郭念锋．心理咨询师（基础知识）[M]．2版．北京：民族出版社，2012.

[2] 魏钟林，柯南木．心理健康教育[M]．南京：南京大学出版社，2013.

[3] 刘巍，潘强．心理健康教育[M]．北京：高等教育出版社，2005.

[4] 黄希庭，夏凌翔．心理健康教育（学生读本）[M]．2版．北京：高等教育出版社，2007.

[5] 威尔鲍温．不抱怨的世界[M]．西安：陕西师范大学出版社，2010.

[6] 银登海．职业院校学生心理健康[M]．北京：机械工业出版社，2006.

[7] 俞国良．心理健康[M]．北京：高等教育出版社，2009.

[8] [英] 帕尔默，[英] 库珀．如何应对压力[M]．大连：东北财经大学出版社，2007.

[9] 罗丽霞，王爱华．浅析青年错误爱情观的原因及对策[J]．法制与社会，2009(16)，32.

[10] 曾谋．青少年异性友谊的特点——与人格、性别角色和社会适应关系[J]．第十三届全国心理学学术大会入选论文，2010.

[11] 刘金明．皮亚杰认知发展理论在素质教育中的应用[J]．天津市教科院学报，2001(6).

[12] 魏玲．中学生异性交往自我及其与异性交往心理问题的关系研究[D]．重庆：西南大学，2007.

[13] 齐芬．班主任应如何对待高中生的“早恋”现象[J]．青少年研究——山东省团校学报，2013（1）.

[14] 李建兴．初中生亲情教育路径分析[J]．丽水学院学报，2009，31(3)：2-5.

[15] 路晨菲．当代中国高校爱情教育内容研究——基于天津市高校的调查研究[D]．天津：天津理工大学，2009.

[16] 马彦．心理健康教育[M]．北京：机械工业出版社，2007.

[17] 李百珍．青少年心理卫生与心理咨询[M]．北京：北京师范大学出版社，2005.

[18] 蔡芳梓．身心健康教育[M]．广州：广东科技出版社，2007.

[19] 刘蔚然，史为磊．中学生心理健康[M]．北京：中国石化出版社，2010.

[20] 刘晓明，杨平．大学生心理健康教育[M]．北京：科学出版社，2009.

[21] 蒋奖．中学生心理健康教育[M]．北京：中国轻工业出版社，2010.

[22] 杜志敏．心理素质与综合能力训练教程[M]．北京：化学工业出版社，2007.

[23] 华芬．家庭教育全书[M]．北京：新世界出版社，2013.

[24] 戴建华．当代青少年亲情价值观的心理学研究[D]．上海：上海师范大学，2007.
[25] 谢浏勤．大力开展亲情教育[J]．成才之路，2007(2)：1.
[26] 袁得正．亲情教育三步曲[J]．班主任之友，2005(03)：24.
[27] 刘小勇．未雨绸缪，合理引导——解决中学生早恋问题的有效途径[J]．才智，2008(01)：114-115.
[28] 罗颖．大学新生友谊观的调查分析[J]．当代教育论坛，2008(10).
[29] 尹海登．职业院校学生心理健康[M]．北京：机械工业出版社，2006.